AF314633

ORDONNANCE DU ROI,

Concernant le Corps royal de l'Artillerie.

Du 21 Décembre 1761.

A PARIS,

DE L'IMPRIMERIE ROYALE.

M. DCCLXII.

TABLE

De ce qui est contenu dans l'Ordonnance du Roi du 21 Décembre 1761, concernant le Corps royal de l'Artillerie.

ORDONNANCE

ORDONNANCE DU ROI,

Concernant le Corps royal de l'Artillerie.

Du 21 Décembre 1761.

DE PAR LE ROI.

SA MAJESTÉ ayant créé par son ordonnance du 5 novembre 1761, trois brigades d'augmentation dans le Corps royal de l'Artillerie, pour le mettre en état de remplir à l'avenir le service de l'Artillerie de terre & celui de l'Artillerie de la marine, Elle a résolu d'augmenter chacune des six anciennes brigades de deux compagnies de cent hommes chacune, pour mettre lesdites six brigades en état de suffire au service qui leur sera confié dans les ports, & de réunir au même corps les six compagnies de Mineurs: Et voulant plus particulièrement expliquer ses intentions sur ces différens objets, & régler en même temps la manière dont le service de l'Artillerie se fera par la suite, tant dans les différens ports du royaume que sur les vaisseaux, dans les places & en campagne; Elle a ordonné & ordonne ce qui suit:

A

ARTICLE PREMIER.

IL sera incessamment procédé à la formation des trois brigades d'Artillerie, créées par l'ordonnance du 5 novembre 1761, & il sera fait en même temps une augmentation de douze compagnies de Canonniers, de cent hommes chacune, lesquelles seront incorporées dans les six anciennes brigades du Corps royal de l'Artillerie, à raison de deux par chaque brigade.

II.

CHACUNE des trois nouvelles brigades du Corps royal de l'Artillerie, sera composée de huit compagnies de cent hommes chacune, dont une de Bombardiers, & les sept autres de Canonniers, conformément à ce qui est prescrit par l'ordonnance du 5 novembre dernier.

III.

LA compagnie de Bombardiers, qui sera toûjours la première dans chacune des trois nouvelles brigades, sera commandée par un Capitaine, deux Lieutenans en premier, deux Lieutenans en second; & composée de six Sergens, six Caporaux, six Anspessades, seize Artificiers, soixante-trois Bombardiers & trois Tambours.

IV.

CHACUNE des compagnies de Canonniers desdites trois brigades, sera commandée par un Capitaine, deux Lieutenans en premier, deux Lieutenans en second; & composée de six Sergens, six Caporaux, six Anspessades, soixante-dix-neuf Canonniers & trois Tambours.

V.

L'ETAT-MAJOR de chacune des trois nouvelles brigades, sera composé d'un Chef-de-brigade, un Colonel, un Lieutenant-colonel, un Major, un Aide-major, un Sous-aide-major, un Aumônier & un Chirurgien: Et l'Etat-major de chacune des six anciennes brigades, continuera d'être composé d'un Chef-de-brigade, un Colonel, un Lieutenant-colonel, un Major, un Aide-major, un Sous-aide-major, un Garçon-major, un Aumônier & d'un Chirurgien.

V I.

LES Chefs des six anciennes brigades en conserveront le commandement, à quelque grade supérieur qu'ils parviennent, jusqu'à ce qu'il plaise à Sa Majesté de leur assigner d'autres fonctions, conformément à l'article IX de l'ordonnance du 5 novembre 1758; A l'égard des Chefs des nouvelles brigades, ils ne pourront en conserver le commandement, lorsque leur ancienneté ou la nature de leurs services leur auront fait mériter le grade de Lieutenant général des armées navales; l'intention de Sa Majesté étant qu'alors ils quittent l'Artillerie, pour s'attacher uniquement au service de la Marine.

V I I.

LES Officiers des huit compagnies de chacune des trois brigades d'augmentation, seront payés sur le pied, par jour, à commencer du jour de la date de leurs commissions, lettres ou brevets, de six livres treize sols quatre deniers à chaque Capitaine, trois livres six sols huit deniers à chaque Lieutenant en premier, & deux livres quinze sols six deniers deux tiers à chaque Lieutenant en second; & les Capitaines desdites compagnies jouiront de plus, de la somme de sept cents dix livres seulement par an, pour fournir aux frais indispensables de compagnies, au lieu de neuf cents livres qui leur avoient été réglés par l'article XI de l'ordonnance du 5 novembre dernier.

V I I I.

LES Sergens, Caporaux, Anspessades, Artificiers, Bombardiers & Tambours de chacune des compagnies de Bombardiers des trois nouvelles brigades, seront payés sur le pied, par jour, de trente-trois sols quatre deniers à chacun des deux premiers Sergens, vingt-six sols huit deniers à chacun des quatre autres, vingt sols à chacun des six Caporaux, dix-huit sols à chacun des six Anspessades, dix-sept sols à chacun des seize Artificiers, seize sols huit deniers à chacun des trente-deux premiers

Bombardiers, treize sols quatre deniers à chacun des trente-un autres Bombardiers, & quatorze sols à chacun des trois Tambours.

I X.

LES Sergens, Caporaux, Anspessades, Canonniers & Tambours de chacune des sept compagnies de Canonniers des trois nouvelles brigades, seront payés sur le pied, par jour, de vingt sols dix deniers à chacun des six Sergens; quatorze sols huit deniers à chacun des six Caporaux, onze sols huit deniers à chacun des six Anspessades, neuf sols huit deniers à chacun des dix-huit premiers Canonniers, sept sols deux deniers à chacun des dix-huit suivans, six sols deux deniers à chacun des quarante-trois restans, & neuf sols huit deniers à chacun des trois Tambours.

X.

L'ÉTAT-MAJOR des trois nouvelles brigades, sera payé sur le pied, par jour, de seize livres treize sols quatre deniers au Chef-de-brigade, treize livres six sols huit deniers au Colonel, neuf livres six sols huit deniers au Lieutenant-colonel, huit livres six sols huit deniers au Major, six livres à l'Aide-major, trois livres six sols huit deniers au Sous-aide-major, vingt-sept sols dix deniers à l'Aumônier, & trente-trois sols quatre deniers au Chirurgien.

X I.

OUTRE la solde ci-dessus réglée, il sera donné vingt-quatre deniers par jour pour chaque Sergent, & douze deniers pour chaque Caporal, Anspessade, Artificier, Bombardier, Canonnier & Tambour desdites trois brigades nouvelles, qui formeront une Masse toûjours complète, sans avoir égard aux hommes qui pourroient manquer dans les compagnies; laquelle Masse demeurera entre les mains du Trésorier général du Corps royal de l'Artillerie, qui en donnera ses reconnoissances à la fin de l'année au Major ou autre Officier chargé du détail de chaque brigade, en deux billets séparément pour chaque brigade, l'une à titre de Grosse-masse sur le pied

de

de seize deniers par Sergent, & de huit deniers par Caporal, Anspessade, Artificier, Bombardier, Canonnier & Tambour; & l'autre à titre de Petite-masse, à raison de huit deniers par Sergent & de quatre deniers pour chacun des autres, le payement desquelles Masses ne sera fait que sur la main-levée des Inspecteurs généraux du Corps royal de l'Artillerie.

X I I.

LES trois nouvelles brigades ne devant composer qu'un seul & même corps avec les six anciennes du Corps royal de l'Artillerie, l'intention de Sa Majesté est qu'elles soient assujéties aux revûes des Inspecteurs généraux dudit corps; voulant aussi Sa Majesté que lesdites trois brigades soient établies, l'une à Brest, l'autre à Rochefort, & la troisième à Toulon. Elle donnera ses ordres pour faire rendre dans chacun de ces ports un des Inspecteurs généraux du Corps royal de l'Artillerie, à l'effet d'y proceder sans délai à la formation desdites brigades.

X I I I.

SA MAJESTÉ se réserve de nommer les Officiers qui devront commander lesdites trois brigades, & de fixer les compagnies qui devront les composer: Mais comme les Officiers actuels du Corps royal pourroient ne point avoir les connoissances & l'expérience nécessaires pour servir aussi utilement sur mer qu'ils l'ont fait jusqu'à présent sur terre; veut Sa Majesté que pour former le premier établissement des trois nouvelles brigades, il soit choisi parmi les Officiers de la Marine, en qui l'on aura reconnu les talens propres pour le service de l'Artillerie, ceux qui seront jugés nécessaires pour commander lesdites trois brigades.

X I V.

L'INTENTION de Sa Majesté est que les places de Chef, de Colonel & de Lieutenant-colonel dans les trois brigades nouvelles, soient remplies actuellement par des Capitaines de vaisseaux, les charges de Capitaines

par des Lieutenans de vaisseaux, & les Lieutenances en
premier & en second par des Enseignes de vaisseaux.

X V.

CES Officiers, quoiqu'attachés aux trois brigades
nouvelles, conserveront leur rang dans la Marine; &
lorsqu'il vaquera des places sur les vaisseaux, auxquelles
ils auront droit de prétendre par leur ancienneté, l'intention de Sa Majesté est qu'ils en soient pourvûs, se
réservant toutefois la faculté de retenir au service de
l'Artillerie ceux qui, par leurs talens & leurs connoissances,
seroient plus propres pour cette partie que pour toute
autre. Mais lorsque les Officiers attachés aux nouvelles
brigades auront été dans le cas de quitter ce service, ils
ne pourront plus y rentrer.

X V I.

S'IL arrive qu'un Officier des nouvelles brigades
du Corps royal, soit dans le cas de les quitter pour s'attacher uniquement au service des vaisseaux, & que ses
appointemens soient au dessous de ceux dont il jouissoit
dans l'Artillerie, il lui sera payé un supplement d'appointemens jusqu'à ce qu'il soit parvenu à un grade dont les
appointemens soient équivalens à ceux qu'il aura quittés.

X V I I.

LES Officiers des trois nouvelles brigades ne rouleront qu'entr'eux pour leur avancement, c'est-à-dire, que
lorsqu'il vaquera une place de Chef-de-brigade dans l'une
des trois d'augmentation, elle appartiendra au plus ancien des Colonels de ces trois brigades. Il en sera usé de
même pour les places de Colonel, de Lieutenant-colonel
& autres charges qui viendront à vaquer: Et lorsqu'à
l'avenir il y aura des emplois de Lieutenans en second
à remplir dans lesdites trois nouvelles brigades, l'intention de Sa Majesté est que le choix tombe sur les
sujets les plus instruits & les plus capables d'entre les
Enseignes de vaisseaux pour les remplir; & que la
préférence soit toûjours accordée à ceux dans lesquels

on aura reconnu le plus de talens & de capacité, sans
avoir égard à l'ancienneté.

X V I I I.

S'IL se trouvoit actuellement dans les six anciennes
brigades du Corps royal, des Officiers assez instruits du
service de la Marine pour pouvoir y servir utilement, &
qu'ils desirassent d'y entrer ; l'intention de Sa Majesté
est qu'ils y soient admis suivant leur grade actuel, &
qu'il leur soit expédié en même-temps un brevet d'Officier de vaisseau, équivalent à leur grade & à leur rang :
De même que si dans les trois nouvelles brigades qui
vont être établies il s'en trouvoit qui fussent dans l'im-
possibilité de continuer leurs services sur mer, & qu'ils
desirassent de suivre celui de terre, Sa Majesté veut &
entend qu'ils soient admis dans les six anciennes brigades suivant leur grade & leur rang d'ancienneté.

X I X.

A l'égard des Sergens, Caporaux, Artificiers, Bombardiers & Canonniers qui doivent composer les compagnies des trois nouvelles brigades du Corps royal,
l'intention de Sa Majesté est que les Sergens, Caporaux & Bombardiers des compagnies de Bombardiers
de la Marine, qui sont actuellement attachés aux ports de
Brest, Rochefort & Toulon, soient incorporés dans les
compagnies de Bombardiers des nouvelles brigades ;
les caps des compagnies ou escouades d'Apprentifs canonniers, & lesdits Apprentifs canonniers, qui servent
actuellement dans les ports de Brest, Rochefort, Toulon & au Havre, ainsi que ceux qui restent des deux
compagnies de Canonniers employées ci - devant à
l'Isle - royale, seront pareillement incorporés dans les
compagnies de Canonniers des nouvelles brigades. Veut
aussi Sa Majesté qu'on y incorpore les Capitaines d'armes,
les Sergens, les Caporaux, & les Soldats des compagnies
franches de la Marine, dont le Roi a ordonné la sup-
pression par son ordonnance du 5 novembre dernier.

X X.

LES Inspecteurs généraux du Corps royal, qui seront chargés de procéder à la formation & à la composition des trois nouvelles brigades, auront soin de n'admettre dans les compagnies de Canonniers & de Bombardiers defdites brigades que des hommes en état d'y servir utilement, en obfervant de donner les places de Sergens, Caporaux, Anfpeffades & des haute-payes aux meilleurs fujets, fans avoir égard à l'ancienneté.

X X I.

LORSQU'IL vaquera des places de Sergens, Caporaux, Anfpeffades ou de haute-payes, dans les compagnies de Bombardiers & de Canonniers des trois nouvelles brigades; l'intention de Sa Majefté eft que ces différentes places ne foient remplies que conformément à ce qui eft prefcrit par les articles IX, X & XII de l'ordonnance du 2 avril 1759, concernant les femblables places dans les compagnies des fix anciennes brigades du Corps royal, c'eft-à-dire, que lorfqu'une place de Sergent viendra à vaquer dans une compagnie des nouvelles brigades, les douze plus anciens Sergens de la brigade s'affembleront pour choifir parmi tous les Caporaux de ladite brigade, trois fujets propres à remplir la place vacante; ils les préfenteront au Major & au Capitaine de la compagnie dans laquelle la place de Sergent fera vacante; & fur le rapport de ces deux Officiers, le Commandant de la brigade nommera celui des trois fujets propofés qui lui paroîtra mériter la préférence.

X X I I.

LORSQU'UNE place de Caporal viendra à vaquer dans l'une des compagnies defdites trois nouvelles brigades, les huit plus anciens Caporaux de la brigade & les quatre plus anciens Sergens s'affembleront pour choifir parmi les Anfpeffades de la brigade, trois fujets qu'ils préfenteront pour être nommés, ainfi qu'il eft expliqué à l'article XXI pour les Sergens.

XXIII.

XXIII.

LORSQU'IL vaquera une place d'Anspessade, les six Sergens & les six Caporaux de la compagnie dans laquelle elle sera vacante, s'assembleront pour choisir parmi les Soldats de la plus haute paye de ladite compagnie seulement, trois sujets propres à la remplir, ils les présenteront à leur Capitaine, qui d'après l'approbation du Commandant de la brigade, nommera celui qu'il en jugera le plus digne: il en sera usé de même pour la nomination aux places de haute-payes.

XXIV.

L'INTENTION du Roi est que les compagnies de Bombardiers des nouvelles brigades, soient recrutées par les meilleurs Canonniers des compagnies desdites brigades; & lorsqu'il vaquera une place de Bombardier, Sa Majesté veut que les deux plus anciens Sergens de la compagnie, avec les six plus anciens Sergens des compagnies de Canonniers de la même brigade, s'assemblent pour choisir dans les sept compagnies de Canonniers de la brigade, trois sujets reconnus pour être de la meilleure conduite & avoir le plus d'intelligence & d'application; ils les présenteront au Capitaine de Bombardiers, qui d'après l'approbation du Commandant de la brigade, nommera celui qu'il en jugera le plus digne.

Recrues des nouvelles brigades.

XXV.

SA MAJESTÉ veut que pour recruter les Canonniers des trois nouvelles brigades, il soit procédé ainsi & de la même manière qu'il est réglé pour les recrues des six autres brigades du Corps royal de l'Artillerie par l'article VIII de l'ordonnance du 5 novembre 1758.

XXVI.

L'UNIFORME des trois nouvelles brigades du Corps royal, sera le même que celui prescrit pour les anciennes brigades de ce Corps, par l'article XVI de l'ordonnance du 27 février 1760; c'est-à-dire, que cet uniforme sera composé d'un habit bleu garni d'une bande, parement, collet, veste, culotte & doublure rouge; la doublure de

Uniforme des nouvelles brigades.

la veste seulement sera blanche; les pattes ordinaires garnies de six boutons jaunes, quatre boutons sur le parement; les boutons de l'habit & de la veste ne descendront que jusqu'à la poche, mais la veste aura un rang de boutons de chaque côté placés de deux en deux; chaque épaule de l'habit sera garnie depuis le collet jusqu'à la couture de la manche, d'une épaulette de dix-huit lignes de large, formée d'une tresse jaune terminée par une frange de même couleur, longue d'un pouce seulement; le chapeau sera bordé d'or.

XXVII.

L'INTENTION de Sa Majesté étant que les Sergens, Caporaux, Anspessades & Soldats des trois nouvelles brigades du Corps royal, soient incessamment revêtus de l'uniforme réglé pour ledit Corps, & voulant que les trois nouvelles brigades soient de même équipées & armées, Sa Majesté fera pourvoir aux fonds nécessaires pour l'habillement, l'armement & l'équipement de chaque homme desdites trois nouvelles brigades.

XXVIII.

Service en général des trois nouvelles brigades du Corps royal.

LES trois nouvelles brigades jouiront du rang & des prérogatives réglés pour les six anciennes brigades par l'article premier de l'ordonnance du 2 avril 1759.

XXIX.

LESDITES trois brigades rouleront entr'elles & avec les six anciennes suivant le grade & l'ancienneté du Chef-de-brigade qui en sera titulaire & dont elles porteront le nom.

XXX.

S'IL arrive que plusieurs desdites brigades se trouvent ensemble, le plus élevé en grade ou le plus ancien à grade égal des Officiers commandans lesdites brigades, les commandera toutes.

XXXI.

LESDITES trois nouvelles brigades seront sujettes à la même police & discipline que les régimens d'Infanterie dans tel endroit qu'elles se trouvent.

11

XXXII.

LESDITES trois brigades, soit qu'elles se trouvent seules dans les ports ou avec d'autres troupes, y feront le service comme toute l'Infanterie.

Service des trois nouvelles brigades dans les ports.

XXXIII.

SA MAJESTÉ trouve bon cependant que lesdites brigades ne fournissent que la moitié du nombre d'Officiers & de Soldats qui sera demandé aux autres troupes de la garnison, pour le service du port, de manière qu'une brigade du Corps royal ne fera le service que comme un demi-bataillon.

XXXIV.

SA MAJESTÉ veut bien aussi dispenser de monter la garde dans les ports, les Capitaines des nouvelles brigades, ainsi que les Artificiers, les premiers Bombardiers & les premiers Canonniers, à moins que la nécessité du service n'exige de les y employer; auquel cas ils exécuteront ce qui leur sera ordonné par les Commandans desdits ports.

XXXV.

LES Lieutenans monteront la garde, feront la ronde & généralement tout le service d'Infanterie dans le port, & ils couleront à fond avec les Officiers des autres régimens qui pourront se trouver en garnison dans le même port.

XXXVI.

LES troupes des nouvelles brigades du Corps royal ne devant être détachées hors des ports de Brest, Rochefort & Toulon dans lesquels elles seront établies, que pour le service qui leur est propre, les Commandans des autres ports ou places dans lesquelles il pourra être envoyé de ces troupes, ne pourront exiger d'elles aucun service à cet égard que dans les cas de la nécessité la plus absolue; & lorsque ces circonstances se présenteront, ils en rendront compte sur le champ au Secrétaire d'État, ayant le département de la guerre & de la marine.

XXXVII

LES Chefs-de-brigades, les Colonels & Lieutenans-colonels des nouvelles brigades du Corps royal, se conformeront, pour la visite des postes, à ce qui est prescrit par les articles DXXXVI, DXXXVII, DXXXIX, DXL & DXLI de l'ordonnance du 25 juin 1750.

XXXVIII

LORSQU'IL sera envoyé une brigade nouvelle ou un détachement, dans une place du port où il se trouvera un Officier employé pour le service du Corps royal, plus élevé en grade, ou l'ancien à grade égal de celui qui commandera ladite brigade ou le détachement, alors le commandement en appartiendra sans difficulté à l'Officier le plus ancien, qu'il soit des anciennes brigades ou de la direction; mais celui-ci ne pourra cependant intervertir en aucune façon l'ordre, la discipline & les détails de la troupe : Et pareillement lorsqu'un Officier des anciennes brigades ou de la direction, se trouvera dans le cas de déférer le commandement du Corps royal, à un Officier commandant une des nouvelles brigades ou un détachement desdites brigades, ce dernier ne pourra rien changer aux détails particuliers dont se trouvera chargé l'Officier des anciennes brigades ou de la direction; l'intention de Sa Majesté étant que tous les honneurs du commandement soient attribués, dans tous les cas, à l'Officier supérieur en grade, ou au plus ancien à grade égal ; mais que chacun, tant des Officiers attachés aux anciennes & nouvelles brigades, que de ceux détachés dans les places, se renferme dans ses fonctions particulières.

XXXIX.

LES Officiers des nouvelles brigades du Corps royal, détachés avec troupe ou sans troupe, ne feront dans les places que le service de l'Artillerie, Sa Majesté n'entendant cependant pas les priver du privilége accordé par l'article XIII de l'ordonnance du 25 juin 1750, aux Officiers des troupes françoises pour le commandement des places.

XL.

X L.

L'ORDRE sera porté tous les jours dans les ports & dans les places, au Commandant du Corps royal, tel qu'il soit, par le Major de la brigade, ou par un Aide-major si le Major n'avoit pas pû aller à l'ordre ; il sera porté par des Aides-majors aux Officiers supérieurs dudit Corps ; & aux Capitaines & Officiers dudit Corps, par des Sergens : S'il n'y avoit dans le port ou dans la place qu'un détachement des nouvelles brigades, l'ordre sera porté par un Sergent, à celui qui le commandera, de même qu'aux autres Officiers du Corps royal, & quand il n'y aura ni brigade ni détachement dudit Corps, un Sergent de la garnison le portera seulement à l'Officier qui commandera l'Artillerie en chef dans la place, conformément à l'article CCCXII de l'ordonnance du 25 juin 1750.

X L I.

LES détachemens des nouvelles brigades, ou les Officiers qui en seront détachés pour le service de l'Artillerie dans les places, passeront en revûe devant le Commissaire des guerres & du Corps royal, ou celui de la place à son défaut, suivant les dispositions de l'article XXV de l'ordonnance du 2 avril 1759.

X L I I.

LE Chef ou tel autre Officier qui commandera la brigade établie dans chacun des ports de Brest, Rochefort & Toulon, y sera chargé, en cette qualité, du service de l'Artillerie de terre & de mer ; il y remplira les mêmes fonctions que les Directeurs du Corps royal de l'Artillerie remplissent dans les différentes places où ils sont employés, conformément à l'ordonnance du 2 avril 1759 ; en conséquence, il veillera à ce que les arsenaux soient toûjours en bon ordre & en bon état, que les différens effets d'Artillerie y soient rangés d'une manière convenable pour leur conservation & facile pour le service ; que les constructions qui seront ordonnées & approuvées par le Secrétaire d'État ayant le département de la guerre &

de la marine, soient exécutées avec la plus grande économie & le mieux qu'il sera possible.

X L I I I.

L'INTENTION de Sa Majesté étant que dans chacun
des ports de Brest, Rochefort & Toulon, il y ait des
emplacemens convenables, destinés pour rassembler les
effets de l'Artillerie, & y former les atteliers nécessaires
aux travaux qui y sont relatifs, & que ces emplacemens
soient absolument distincts & séparés des bâtimens &
atteliers affectés au service de la Marine; les Inspecteurs
du Corps royal, que Sa Majesté a choisis pour les envoyer
dans les différens ports, détermineront, avec le Commandant du port & l'Intendant de la Marine, ces emplacemens, & désigneront aux Chefs-de-brigades les lieux
propres pour les différens effets qui doivent y être con-
tenus; par exemple, le *parc aux fers coulés*, le *magasin
des affûts*, la *salle aux armes*, & ainsi de tous les différens
autres effets: il en sera formé un plan qui fera connoître
l'emploi du terrein, lequel plan sera adressé au Secrétaire
d'État ayant le département de la guerre & de la marine.

X L I V.

LORSQUE ces bâtimens & emplacemens auront été
déterminés & évacués des effets qui pourront appartenir
à la Marine, le Chef-de-brigade aura soin d'y faire placer
les différentes munitions d'Artillerie, suivant qu'il lui aura
été prescrit par un Inspecteur du Corps royal, & il en
sera dressé un inventaire en sa présence, par le Commissaire des guerres & du Corps royal, qui en chargera le
Garde nommé par Sa Majesté.

X L V.

CET inventaire doit faire connoître les effets qui sont
en bon état, ceux qui peuvent être réparés, & ceux
qui sont absolument hors d'état de servir; au bas d'une
des copies de cet inventaire, le Garde d'Artillerie mettra
sa reconnoissance visée par le Chef-de-brigade & vérifiée
par le Commissaire des guerres & du Corps royal, laquelle

reconnoiffance fervira de décharge au Garde général des effets de la Marine.

X L V I.

LE Chef-de-brigade adreffera tous les ans dans le courant du mois d'octobre, au Secrétaire d'État ayant le département de la guerre & de la marine, les projets, devis & eftimation des différens ouvrages & réparations à faire tant aux attirails qu'aux bâtimens de l'Artillerie; il y joindra un état des pièces de canon, mortiers, armes, munitions, attirails & uftenfiles dont il lui paroîtra néceffaire de fe pourvoir pour compléter l'approvifionnement du port.

X L V I I.

LORSQU'IL aura reçû l'état des ouvrages, approvi-fionnemens ou travaux ordonnés par Sa Majefté pour l'année fuivante, il prendra les mefures convenables pour faire exécuter ces ouvrages, approvifionnemens & travaux, & il paffera des marchés pour les objets qui en feront fufceptibles, de concert avec le Commiffaire des guerres & du Corps royal.

X L V I I I.

LE Chef-de-brigade rendra compte tous les mois au Secrétaire d'État ayant le département de la guerre & de la marine de l'avancement defdits ouvrages & travaux.

X L I X.

IL fe conformera avec la plus grande exactitude à l'état des ouvrages ordonnés, & ne pourra, fous quelque prétexte que ce puiffe être, porter un fonds, en tout ou en partie, d'un article fur l'autre.

L.

DÉFEND Sa Majefté au Chef ou autre Officier com-mandant la brigade, d'entreprendre aucun ouvrage fans un ordre fupérieur; à la réferve cependant de tout ce qui ne pourroit pas être différé fans préjudicier évidem-ment à fon fervice, à la confervation ou à la fûreté des munitions & effets de l'Artillerie, & à celle des bâ-timens qui en dépendent, auxquels cas veut Sa Majefté qu'il puiffe faire travailler aux réparations dont il fera

queſtion ; en en rendant compte ſur le champ au Secrétaire d'État ayant le département de la guerre & de
la marine, lui faiſant connoître la néceſſité du parti qu'il
aura pris, & lui envoyant l'eſtimation de la dépenſe à
laquelle pourront monter leſdites réparations.

L I.

LORSQUE les ouvrages concernant les bâtimens
deſtinés au ſervice de l'Artillerie, ſeront achevés, ils
ſeront conſtatés par des états ou toiſés détaillés & défi-
nitifs qui ſeront dreſſés en préſence des Entrepreneurs,
par les Officiers du Corps royal qui auront été chargés par le Chef ou Commandant de la brigade de
veiller particulièrement à l'exécution deſdits ouvrages,
ces états ou toiſés ſeront ſignés par leſdits Officiers,
certifiés & viſés par le Chef ou Commandant de la
brigade, qui après les avoir fait vérifier par le Commiſſaire des guerres & du Corps royal, les adreſſera
au Secrétaire d'État ayant le département de la guerre
& de la marine.

L I I.

IL ſera pareillement fourni & envoyé des états de
toutes les dépenſes qu'occaſionneront les réparations ou
conſtructions d'attirail, & autres parties concernant le ſervice de l'Artillerie dans les arſenaux ; & leſdits états ſeront
ſignés, viſés & vérifiés comme il eſt preſcrit par l'article
précédent.

L I I I.

LES fonds deſtinés aux différentes dépenſes de l'Artillerie, autoriſées par le Secrétaire d'État ayant le département de la guerre & de la marine, ſeront remis entre
les mains du Commis du Tréſorier général du Corps
royal dans chaque port, & ne pourront être délivrés que
ſur les ordres particuliers du Chef-de-brigade, ou de
celui qui la commandera, vérifiés par le Commiſſaire des
guerres & du Corps royal.

L I V.

POUR mettre la comptabilité en règle, l'Officier
commandant

commandant la brigade ne pourra faire folder aucune dépenſe que ſur des états détaillés, tout-à-fait ſemblables à ceux ci-deſſus, arrêtés & certifiés par les Officiers du Corps royal, qui auront ſuivi les travaux, viſés par lui, quittancés des différentes parties prenantes, & vérifiés par le Commiſſaire des guerres & du Corps royal, deſtiné à réſider dans le port.

L V.

TOUS les effets qu'il eſt d'uſage d'employer pour le ſervice de l'Artillerie, étant connus, l'intention de Sa Majeſté eſt que le Chef-de-brigade, employé dans chacun des ports de Breſt, Rochefort & Toulon, de concert avec le Commiſſaire des guerres & du Corps royal, procède à l'eſtimation de chacun deſdits effets, & en adreſſe des procès-verbaux exacts au Secrétaire d'État ayant le département de la guerre & de la marine, pour lui faire connoître le prix auquel chacun revient dans les différens ports, en donnant auſſi une connoiſſance exacte du prix de la main-d'œuvre.

L V I.

LORSQU'IL ſera queſtion de faire des marchés, ſoit pour des bois, des fers ou autres effets, l'intention du Roi eſt qu'il y ſoit procédé par adjudication au rabais par le Commiſſaire des guerres & du Corps royal, en préſence du Chef ou du Commandant de la brigade; ils s'aſſureront par eux-mêmes de la bonne ou mauvaiſe qualité des materiaux, effets & munitions qui ſeront fournis en exécution des marchés par écrit ou verbaux, ou des ordres particuliers du Secrétaire d'État ayant le département de la guerre & de la marine; il en ſera dreſſé procès verbal par le Commiſſaire du Corps royal, lequel ſera viſé par le Commandant de la brigade.

L V I I.

A l'égard des conſtructions d'attirails à faire dans l'arſenal de chaque port pour le ſervice de l'Artillerie, il ſera dreſſé chaque jour un état des ouvriers qui y ſeront employés; le Commiſſaire des guerres & du Corps royal sera chargé d'en faire l'appel, & les salaires de ces ouvriers, ainsi que les dépenses journalières qu'occasionneront lesdits travaux, seront payés par le Commis du Trésorier général, sur les rôles ci-dessus, & les états particuliers visés par le Commandant de la brigade, & vérifiés par le Commissaire du Corps royal, lesquels rôles & états particuliers seront annullés par l'état général dans lequel ils doivent être compris, & qui doit être formé à la fin de chaque année, pour être envoyé au Secrétaire d'État ayant le département de la guerre & de la marine, sur lequel état général le parfait payement des dépenses qui y seront comprises & détaillées, sera ordonné.

L V I I I.

COMME il est essentiel de former des Officiers aux différens travaux, le Chef-de-brigade ordonnera chaque jour qu'il soit détaché un nombre suffisant d'Officiers de la brigade, qui veilleront à ce que les travaux ordonnés soient exécutés comme ils doivent l'être, & maintiendront l'ordre & la police dans l'arsenal.

L I X.

Établissement des Ouvriers d'État.

SA MAJESTÉ voulant avoir dans les ports de Brest, Rochefort & Toulon, un nombre fixe d'ouvriers qui travaillent journellement aux constructions & radoubs des attirails de l'Artillerie, & qui soient en état de conduire un plus grand nombre d'ouvriers journaliers dans le besoin, son intention est d'établir dans chacun des ports ci-dessus, vingt ouvriers sous la dénomination d'Ouvriers d'État ordinaires de l'Artillerie, & qui seront payés, savoir; un Chef, à raison de cent livres par mois; un Maître-armurier, à raison de soixante livres, un Sous-maître-armurier, à quarante-cinq livres; un Maître-forgeur, à quarante livres; un Sous-maître-forgeur, à trente-cinq livres; cinq autres Forgeurs, à trente livres; un Maître-ouvrier en bois, à quarante livres, deux Sous-maîtres-ouvriers en bois, à trente-cinq livres chacun, & sept autres Ouvriers en bois, à trente livres aussi chacun par mois, en observant que parmi les Sous-maîtres &

ouvriers en bois qui feront au nombre de neuf dans chaque port, il fe trouve toûjours trois Charpentiers, quatre Charrons, un Tourneur & un Tonnelier, le Maître-ouvrier en bois fera ou Charpentier ou Charron.

L X.

LES ouvriers ci-deffus pourront porter un uniforme femblable à celui des ouvriers d'État ordinaires, attachés aux arfenaux de l'Artillerie de terre, favoir ; habit gris-de-fer, doublure, vefte, culotte, parement & collet bleu, boutons jaunes jufqu'à la taille, la doublure de la vefte fera blanche, le Chef defdits ouvriers dans chaque port portera deux galons d'or fur la manche, & les trois Maîtres Armurier, Forgeur ou Ouvrier en bois, en porteront un feulement.

L X I.

CES ouvriers recevront des commiffions du Roi, ils feront payés fur la revûe qui en fera faite tous les mois par le Commiffaire du Corps royal. Ils feront entièrement aux ordres de l'Officier commandant la brigade dans chaque port ; ils pourront être détachés dans les places & ports des environs, ainfi que le befoin du fervice l'exigera, & en conféquence des ordres qui feront adreffés à cet effet par le Secrétaire d'État ayant le département de la guerre & de la marine, à l'Officier commandant la brigade ; mais ces ouvriers ne pourront dans aucun cas être embarqués fur les vaiffeaux.

L X I I.

LES Maîtres-canonniers entretenus actuellement dans chaque port, feront confervés aux mêmes appointemens dont ils jouiffent, & feront tenus de porter l'uniforme des Sergens du Corps royal, avec un galon de plus fur la manche ; ces Maîtres-canonniers feront aux ordres du Commandant de la brigade, & employés par lui, ainfi que les Chefs des ouvriers d'État, établis par l'article LIX de la préfente ordonnance, à veiller dans les arfenaux, à ce que les conftructions foient folidement faites & propres aux objets auxquels elles feront deftinées ; ils feront payés de leurs appointemens, ainsi que les autres employés de l'Artillerie dans le port, sur les revûes du Commiffaire des guerres & du Corps royal; l'intention de Sa Majefté étant qu'à l'avenir ces Maîtres-canonniers foient choifis entre les Sergens des brigades & les Bombardiers, au concours & après l'examen de leur capacité & des certificats de fervice qu'ils auront obtenus après chaque campagne, de l'Officier d'Artillerie du vaiffeau fur lequel ils auront fervi, lefquels certificats feront fignés du Capitaine-commandant, & vifés au retour de la campagne, par le Chef-de-brigade qui fera enregiftrer lefdits certificats: Veut Sa Majefté que les places vacantes foient données à ceux defdits Sergens & Bombardiers qui fe trouveront les plus capables.

L X I I I.

LES Sergens des compagnies de Bombardiers & de Canonniers des nouvelles brigades, auront rang de Maîtres-canonniers entretenus; mais ils ne pourront parvenir aux places de Maîtres-canonniers, Vice-amiraux, Amiraux & Canonniers-royaux ou de port, qu'après avoir rempli les conditions prefcrites par l'article précédent.

L X I V.

LORSQU'IL fera queftion de faire armer un ou plufieurs vaiffeaux dans un port, le Secrétaire d'État ayant le département de la guerre & de la marine, arrêtera un état des effets d'Artillerie qui devront être embarqués fur les vaiffeaux; cet état fera adreffé au Chef de la brigade, qui donnera des ordres au Garde-magafin pour faire fournir tous les effets y mentionnés.

L X V.

LE Garde-magafin aura foin de retirer de celui qui fera établi Gardien des effets de l'Artillerie dans chaque vaiffeau, une reconnoiffance vifée par le principal Officier du Corps royal, qui y fera embarqué, & par l'Officier commandant ledit vaiffeau, cette reconnoiffance lui fervira de décharge des effets & munitions qu'il aura délivrés en conféquence des ordres du Chef-de-brigade, lequel

détachera

détachera le nombre d'Officiers & de Canonniers qu'il jugera nécessaires à l'arrangement desdits effets dans les vaisseaux pour lesquels ils seront destinés.

LXVI.

LORSQU'UN ou plusieurs vaisseaux desarmeront dans un port, le Chef-de-brigade aura soin de faire rentrer dans les magasins tous les effets d'Artillerie, ils seront remis par compte au Garde, qui en donnera sa reconnoissance au bas d'un état, où seront distingués les effets de service à réparer ou hors de service; & le Chef-de-brigade détachera le nombre d'Officiers & de Canonniers qu'il jugera nécessaire pour recevoir ces effets & les placer convenablement dans les magasins.

LXVII.

IL sera remis le plus tôt possible aux Chefs des nouvelles brigades, un état des munitions & effets d'Artillerie qui ont été embarqués dans les vaisseaux actuellement à la mer, & sortis des ports dans lesquels ces brigades seront employées, afin qu'au retour desdits vaisseaux, les Chefs-de-brigade puissent faire rentrer dans les magasins ce qui restera de ces effets, en faire connoître la situation & ce qui en aura été consommé.

LXVIII.

IL sera détaché chaque jour, par les ordres du Chef-de-brigade, le nombre de Sergens, Bombardiers & Canonniers, commandés par un nombre d'Officiers proportionné à la force des détachemens, pour faire toutes les manœuvres relatives au service de l'Artillerie, lesquels Sergens, Bombardiers & Canonniers seront assujétis à faire ces manœuvres & celles mentionnées dans les trois articles précédens, comme leur service propre & sans supplément de solde; Sa Majesté voulant qu'il en soit usé à leur égard comme pour les anciennes brigades du Corps royal.

LXIX.

LA brigade du Corps royal, établie dans chacun des ports de Brest, Rochefort & Toulon, fournira chaque

jour cent hommes ou plus pour être employés au grée-
ment, à l'amarrage, au changement de place des vaiffeaux, ainfi qu'aux autres travaux du port, pourvû toutefois que ce détachement ne foit pas trop fort pour nuire
aux autres fervices de la brigade ; lefdits travailleurs
feront conduits par des Officiers du Corps royal, qui
tiendront la main à ce qu'ils exécutent exactement ce
qui fera commandé par le Commandant & le Capitaine
de port. Ces travailleurs feront payés des fonds de la
Marine, à raifon de quinze fols par chaque Sergent, &
de dix fols par chaque Bombardier & Canonnier.

L X X.

Le fupplément de folde de ces travailleurs fera payé
au Major de la brigade, pour être par lui diftribué à
chacun d'eux d'après les ordres du Chef-de-brigade.

L X X I.

Le Chef de chacune des nouvelles brigades établies
à Breft, à Rochefort & à Toulon, aura foin de dreffer
un inventaire exact & détaillé de tous les plans & papiers concernant le fervice de l'Artillerie dans le port
où il fera employé ; il adreffera copie dudit inventaire
au Secrétaire d'État ayant le département de la guerre
& de la marine ; & au commencement de chaque année
il lui enverra de même un état particulier de tous les
papiers qu'il aura ajoûtés aux anciens pendant le courant
de l'année précédente : Lorfqu'il s'abfentera, pour quelque caufe que ce foit, il remettra ces plans & papiers à
l'Officier qui devra commander la brigade en fon ab-
fence ou le remplacer, en obfervant de former un état
de ces plans & papiers dont il fera fait trois copies qu'ils
figneront, l'une pour être envoyée au Secrétaire d'État
ayant le département de la guerre & de la marine, l'autre
pour fervir de décharge à l'Officier qui s'abfentera ou
qui fera remplacé, & la troifième qui fera jointe aux
papiers de la Place.

L X X I I.

Si l'Officier commandant une brigade nouvelle venoit

à mourir, l'intention de Sa Majesté est que le Major qui
apposera les scellés sur les effets du défunt, remette généralement tous les plans & papiers concernant le service
de l'Artillerie entre les mains de l'Officier de la brigade à
qui le commandement sera dévolu, après qu'il en aura
été fait un inventaire par le Commissaire des guerres &
du Corps royal attaché au port, qui l'enverra au Secrétaire d'État ayant le département de la guerre & de
la marine, & qui sera signé du nouveau Commandant
de la brigade, du Major qui aura apposé les scellés,
& de lui.

L X X I I I.

Sa Majesté défend, sous les peines les plus rigou-
reuses, à tous les Officiers du Corps royal de commu-
niquer à qui que ce soit, sans un ordre exprès & par écrit
du Secrétaire d'État ayant le département de la guerre
& de la marine, les papiers concernant l'Artillerie, ni les
plans qui pourront leur avoir été confiés.

L X X I V.

Il sera établi un Garde d'Artillerie dans chacun des
ports de Brest, Rochefort & Toulon; il sera payé des
appointemens qui lui seront réglés sur les revûes du
Commissaire des guerres & du Corps royal, & il exé-
cutera tout ce qui lui sera prescrit, tant par le Chef ou
Commandant de la brigade, que par le Commissaire
des guerres & du Corps royal qui y seront employés.

Établissement d'un Garde d'Artillerie dans chacun des ports de Brest, Roche- fort & Toulon, & ses fonctions.

L X X V.

Ce Garde aura deux registres cottés & paraphés par
le Commissaire des guerres & du Corps royal; dans l'un,
il transcrira proprement l'inventaire de tous les effets &
munitions d'Artillerie qui seront confiés à sa garde, & qui
y seront détaillés dans l'ordre qui lui sera indiqué, &
conformément au modèle qui lui sera donné; dans le
second registre, il portera jour par jour les effets qui lui
seront remis, & ceux qu'il aura délivrés de ses magasins.

L X X V I.

Le Garde d'Artillerie ne pourra délivrer ou consommer

aucun effet d'Artillerie, de telle espèce que ce soit, sans l'ordre par écrit du Chef-de-brigade ou de l'Officier qui la commandera.

LXXVII.

IL dressera tous les ans un nouvel inventaire des effets & munitions d'Artillerie, dont il sera chargé; il sera fait trois expéditions dudit Inventaire qui seront signées de lui, visées par le Chef ou Commandant de la brigade, & vérifiées par le Commissaire du Corps royal, dont une sera envoyée dans les quinze premiers jours de chaque année au Secrétaire d'État ayant le département de la guerre & de la marine; la seconde sera remise à l'Officier commandant la brigade, & la troisième restera au Commissaire du Corps royal résidant dans le port.

LXXVIII.

LE Garde sera aussi tenu de dresser tous les mois, trois états détaillés des remises & consommations qui auront été faites dans les magasins d'Artillerie; ces états seront signés, visés & vérifiés, comme il est dit à l'article précédent, & auront la même destination.

LXXIX.

SA MAJESTÉ prévoyant que les Gardes d'Artillerie qui seront établis dans chacun des ports de Brest, Rochefort & Toulon, ne pourroient remplir seuls les détails que leurs emplois exigeront, son intention est qu'il soit établi dans chacun de ces ports, des Sous-gardes pour les aider dans leurs fonctions, lesquels Sous-gardes seront payés des appointemens qui leur seront réglés sur les revues des Commissaires des guerres & du Corps royal de l'Artillerie.

LXXX.

IL sera établi un Commissaire des guerres & du Corps royal de l'Artillerie, dans chacun des ports de Brest, Rochefort & Toulon; il sera obligé d'y tenir continuellement résidence, & il sera chargé de la police de la nouvelle brigade du Corps royal qui y sera employée, ainsi & de la même manière qu'il est prescrit pour les anciennes brigades de ce Corps.

LXXXI.

L X X X I.

IL paſſera exactement en revûe tous les mois la brigade, les Gardes, Sous-gardes, Ouvriers d'état ordinaires, Maîtres-canonniers & autres Employés de l'Artillerie, & ce ne ſera que ſur ſes extraits de revûe, ſignés du Commandant de la brigade, que la ſolde & les appointemens pourront être payés.

L X X X I I.

LE Commiſſaire des guerres ſe conformera pour les extraits de revûe aux différentes ordonnances qui ont été rendues à ce ſujet; il en enverra tous les mois un double au Secrétaire d'État ayant le département de la guerre & de la marine, & il en remettra un autre au Commis du Tréſorier général de l'Artillerie, ainſi qu'aux différens Entrepreneurs de pain, viande, lits & autres pour les fournitures néceſſaires.

L X X X I I I.

IL veillera exactement à ce que les regiſtres du Garde-magaſin d'Artillerie ſoient tenus dans la plus grande règle, & il aura ſoin de les coter & parapher page par page.

L X X X I V.

AUCUNE dépenſe relative au ſervice de l'Artillerie ne pourra être allouée dans les comptes du Tréſorier, ſi elle n'eſt vérifiée par le Commiſſaire des guerres & du Corps royal.

L X X X V.

IL ne pourra être fait aucun marché ni adjudication concernant le ſervice de l'Artillerie, que par le Commiſſaire des guerres & du Corps royal en préſence de l'Officier commandant ledit corps.

L X X X V I.

LE Commiſſaire des guerres & du Corps royal ſera tenu d'envoyer tous les mois au Secrétaire d'État ayant le département de la guerre & de la marine, un état des remiſes & conſommations qui auront été faites dans les magaſins d'Artillerie; ces états ſeront dans la forme preſcrite ci-devant.

LXXXVII.

Ce Commissaire enverra pareillement tous les mois un ou plusieurs états détaillés, & par lui vérifiés, des dépenses qui auront été faites dans le courant de chaque mois; ces états seront arrêtés par les Officiers qui auront été chargés de suivre ces dépenses, & visés par le Commandant de la brigade.

LXXXVIII.

Le Commissaire du Corps royal tiendra deux regiſtres, l'un pour les remiſes & conſommations des effets, & l'autre pour les recettes & dépenses en deniers; ces deux regiſtres feront mention des ordres qui auront été délivrés par le Chef ou le Commandant de la brigade, & que le Commiſſaire aura dû viſer.

LXXXIX.

Épreuve des poudres. Les poudres deſtinées pour le ſervice de la Marine, feront à l'avenir éprouvées dans les fabriques par les Officiers du Corps royal, qui recevront à cet effet des ordres du Secrétaire d'État ayant le département de la guerre & de la marine; ils ſe conformeront pour les épreuves à ce qui eſt preſcrit par l'ordonnance du Roi du 18 ſeptembre 1686; ces mêmes Officiers veilleront à ce que les barillages de ces poudres ſoient de bon bois, de force convenable & des dimenſions preſcrites.

XC.

Épreuve des canons & mortiers de fonte & de fer. Les canons de fonte deſtinés pour la terre ou pour la marine, feront examinés par le principal Officier du Corps royal & le Commiſſaire des guerres & dudit corps, employés dans les places où ſont établies les fonderies, afin de reconnoître ſi ces canons ont les dimenſions preſcrites; ils ſeront enſuite éprouvés, montés ſur des affûts de leur calibre, en les faiſant tirer cinq coups, ſavoir, les deux premiers chargés de poudre aux deux tiers de la peſanteur du boulet, ſur laquelle il ſera mis un bouchon ou valet refoulé de quatre coups, & d'un boulet bien de calibre, ſur lequel on mettra un autre bouchon ou valet refoulé de trois coups; les canons ſeront chargés de même les trois derniers coups, mais seulement à la moitié de la pesanteur du boulet ; après chaque coup d'épreuve, on examinera avec le chat & une bougie allumée, ou le miroir lorsqu'il fera du soleil, s'il n'y a point de chambres dans l'ame de la pièce, & si cette ame, qui doit être droite & concentrique, n'est point égarée & ondée. Si la pièce soûtient cette épreuve, on en bouchera la lumière, & on la remplira d'eau, que l'on pressera avec un bon écouvillon, pour découvrir si elle ne fait point eau par quelqu'endroit.

X C I.

LES mortiers de fonte seront éprouvés comme ci-après ; on commencera par examiner s'ils sont des dimensions prescrites, on en grattera ensuite avec un instrument bien acéré, les endroits où l'on soupçonnera qu'il y aura quelque défaut ; ceux dans lesquels on n'en aura pas reconnu, seront mis leur culasse en terre, leurs tourillons appuyés sur des billots de bois, pour empêcher qu'ils ne s'enterrent ; on les fera tirer trois fois avec des bombes de leur diamètre, la chambre remplie de poudre & les bombes pleines de terre mêlée de sciûre de bois, ensuite on bouchera la lumière, on remplira le mortier d'eau, pour voir s'il s'y est fait quelqu'évent ou ouverture, & après l'avoir fait laver, on le visitera de nouveau avec le grattoir, pour connoître s'il n'y a point de chambre.

X C I I.

LES canons, mortiers & pierriers qui ne seront pas suivant les dimensions prescrites, & ceux auxquels les Officiers du Corps royal de l'Artillerie qui seront chargés des épreuves, reconnoîtront des défauts capables de nuire au service des pièces, seront rebutés, les anses en seront cassées sur le champ, & les Fondeurs ne pourront rien prétendre pour la façon.

X C I I I.

LES pièces de canon & mortiers de fer seront éprouvés dans les forges ou autres lieux que prescrira le Secrétaire d'État ayant le département de la guerre & de la marine, par les Officiers du Corps royal qui recevront des ordres à cet effet; ils obferveront tout ce qui eſt ordonné par les articles précédens pour l'épreuve des canons & mortiers de fonte; à l'exception que les pièces de canon de fer feront mifes à terre, appuyées feulement fous la volée près les tourillons, fur un morceau de bois ou chantier, en forte qu'elles foient pointées environ à quinze degrés; elles ne feront point éprouvées fur des affûts, comme il eſt ordonné pour les pièces de fonte, & on ne leur fera tirer que les deux coups chargés aux deux tiers de la pefanteur du boulet, cette épreuve paroiſſant fuffifante.

X C I V.

SA MAJESTÉ étant fatisfaite des fervices que lui a rendus jufqu'à préfent le fieur Maritz, Infpecteur général des fontes de l'Artillerie, fon intention eſt qu'il ne foit fait à l'avenir aucune fonte de pièces de canon, mortiers, boulets & bombes pour le fervice de la Marine, que par les foins dudit fieur Maritz & fur les ordres qu'il en recevra uniquement du Secrétaire d'État ayant le département de la guerre & de la marine; voulant Sa Majeſté que ledit fieur Maritz foit feul chargé de les faire exécuter & d'en rendre compte: Il aura la plus grande attention à ce que les bouches à feu & fers coulés foient des dimenfions prefcrites, qu'ils foient faits avec des métaux bien alliés ou de fer bien liant & de bonne qualité, tels que Sa Majeſté puiſſe en attendre le meilleur fervice.

X C V.

L'INTENTION de Sa Majeſté eſt pareillement que le fieur Maritz aille vifiter & infpecter auſſi fouvent que le fervice l'exigera, les différentes forges occupées pour le fervice de l'Artillerie & de la Marine; Et Elle veut & entend que ce qui fera prefcrit dans lefdites forges par le fieur Maritz, y foit obfervé & exécuté fans difficulté.

X C V I.

Armes de guerre. VEUT Sa Majeſté que toutes les armes à feu ou les armes blanches dont on aura befoin à l'avenir dans les différens ports du royaume pour fon fervice, foient tirées

des

des manufactures établies à Saint-Étienne, Charleville & Maubeuge, pour les armes à feu, & à Klingenthal en Alsace pour les armes blanches.

XCVII.

CES différentes armes continueront d'être éprouvées & reçûes dans lesdites manufactures par les Officiers du Corps royal auxquels Sa Majesté en aura confié l'inspection, en se conformant à ce qui est prescrit pour les armes de guerre que ces manufactures fournissent pour le service de terre.

XCVIII.

LORSQU'IL sera envoyé de ces armes dans les différens ports, l'Officier du Corps royal qui y commandera l'Artillerie, les fera visiter exactement, en présence d'un Officier & du Commissaire des guerres & du Corps royal qui résidera dans le port; il sera dressé un procès-verbal de leur situation, qui constatera les défauts qui y seront reconnus, en distinguant ceux qui proviendroient de la fabrique ou qui auroient été occasionnés par le transport; ce procès-verbal sera envoyé au Secrétaire d'État ayant le département de la guerre & de la marine, qui donnera les ordres convenables de sa part en conséquence.

XCIX.

SA MAJESTÉ ayant donné ses ordres pour faire rendre dans chacun des ports de Brest, Rochefort & Toulon, un des Inspecteurs généraux du Corps royal de l'Artillerie, son intention est qu'il s'applique à former la nouvelle brigade qui y est destinée, en se conformant à ce qui est prescrit par la présente ordonnance, & aux différentes instructions qu'Elle lui fera remettre, & qu'il en fasse aussi-tôt après l'inspection; se réservant Sa Majesté de nommer chaque année, celui desdits Inspecteurs auxquels Elle jugera à propos de confier l'inspection desdites trois nouvelles brigades.

Inspecteurs généraux du Corps royal de l'Artillerie.

C.

CHACUN de ces Inspecteurs déterminera, de concert avec le Commandant du port & l'Intendant de la Marine, les bâtimens, magasins & emplacemens nécessaires & convenables au service de l'Artillerie, dans le port où il sera envoyé; il prescrira l'ordre qui devra être observé pour l'arrangement des munitions, ainsi que pour les formalités à suivre au sujet des différentes recettes & dépenses, soit en munitions, soit en deniers.

C I.

IL prendra dans chaque port les connoissances les plus exactes des réparations & constructions relatives aux bâtimens & attirails de l'Artillerie, ainsi que des approvisionnemens à faire en toutes espéces de munitions de guerre; il en enverra des états détaillés au Secrétaire d'État ayant le département de la guerre & de la marine, qui lui fera connoître les intentions de Sa Majesté à cet égard.

C I I.

CHAQUE Inspecteur déterminera dans les ports de Brest, Rochefort & Toulon, les emplacemens convenables pour y établir les Écoles de pratique pour le tir du canon & le jet des bombes, qui se feront à l'avenir sur terre & à la mer.

C I I I.

LES Chefs & autres Officiers des trois nouvelles brigades du Corps royal, se conformeront avec la plus grande exactitude à ce qui leur sera prescrit par lesdits Inspecteurs, & ils leur rendront compte de l'exécution des ordres qu'ils en auront reçûs.

C I V.

LES Inspecteurs du Corps royal qui inspecteront chaque année les nouvelles brigades, informeront avec exactitude le Secrétaire d'État ayant le département de la guerre & de la marine, de la bonne conduite, du zéle, de l'application & des progrés de tous les Officiers desdites brigades, ainsi que de tous les Employés au service de l'Artillerie dans les différens ports, pour le mettre en état d'en rendre compte à Sa Majesté.

C V.

LES Inspecteurs généraux du Corps royal jouiront dans

les ports du département qui leur aura été assigné, de toûs les honneurs attribués aux autres Inspecteurs généraux des troupes, conformément aux articles V & DI de l'ordonnance du 25 juin 1750.

C V I.

LORSQUE les Inspecteurs qui seront envoyés dans les ports de Brest, Rochefort & Toulon, se porteront à la rade pour y choisir & déterminer l'emplacement le plus propre aux Écoles de pratique qui se feront à l'avenir à la mer, ou qu'ils traverseront le port pour quelqu'autre objet que ce soit, ils jouiront des honneurs attribués aux grades dont ils seront revêtus, devant être dans ces occasions regardés & traités comme Officiers généraux de la Marine.

C V I I.

LORSQUE Sa Majesté fera armer des vaisseaux, Elle réglera le nombre de Bombardiers & Canonniers du Corps royal qu'il conviendra de mettre sur chaque vaisseau.

C V I I I.

LES Officiers du Corps royal qui seront embarqués avec les détachemens dudit Corps, prendront sur les vaisseaux le rang qui leur est dû suivant le grade dont ils seront revêtus dans la Marine.

C I X.

TOUS ces Officiers feront le service sur les vaisseaux ainsi que les Officiers de l'État-major des vaisseaux, & dans les actions ils seront particulièrement affectés au service du canon.

C X.

LES galiotes à bombes seront commandées par des Officiers du Corps royal de l'Artillerie, qui armeront par préférence sur ces bâtimens & sur les flûtes de transport de munitions de guerre en cas d'expédition; & s'il n'y avoit pas assez d'Officiers du Corps royal pour ce service, les Commandans de ces bâtimens & leurs seconds seront pris dans le Corps royal de l'Artillerie, & les subalternes parmi les Lieutenans & Enseignes de vaisseaux. A l'égard des brûlots, ils seront commandés par ceux des Officiers de la Marine, auxquels Sa Majesté jugera à propos d'en donner la commission.

C X I.

SA MAJESTÉ voulant remédier à la trop grande consommation de poudre qui se fait dans les ports & à la mer à l'occasion des différens saluts ou réjouissances, son intention est qu'à l'avenir les pièces de canon qu'il est d'usage de tirer dans ces occasions, ne soient chargées qu'au quart de la pesanteur du boulet.

C X I I.

Écoles pour les nouvelles brigades du Corps royal.

SA MAJESTÉ ayant ordonné l'établissement d'une École dans chacun des ports de Brest, Rochefort & Toulon, son intention est que le commandement desdites Écoles soit toûjours dévolu aux Chefs des brigades ou aux Officiers qui les commanderont en leur absence.

C X I I I.

IL sera entretenu dans chacune de ces Écoles un Professeur de Mathématiques, un Répétiteur, & un Maître de dessein, lesquels seront payés des appointemens qui leur seront réglés sur les revûes des Commissaires des guerres & du Corps royal.

C X I V.

IL y aura tous les jours École de théorie ou de pratique, excepté les jours de Dimanches & de Fêtes. Les Écoles de théorie se tiendront régulièrement les mardi, jeudi & samedi depuis neuf heures jusqu'à midi ; les deux premières heures seront employées à suivre le cours de Mathématiques du sieur Camus, dont il sera envoyé à cet effet un nombre suffisant d'exemplaires, & la dernière heure sera employée à expliquer le traité de la Navigation du sieur Bouguer, celui de la Construction du sieur du Hamel, & le traité de Tactique navale en usage dans les salles des Gardes de la Marine à Brest.

C X V.

VEUT & entend Sa Majesté que le traité d'Artillerie propre à la Marine, auquel Sa Majesté a ordonné de travailler,

travailler, soit suivi dans lesdites Écoles dès qu'il y aura été envoyé.

C X V I.

AUCUN des Lieutenans des nouvelles brigades ne pourra se dispenser d'assister à la salle de théorie & d'y prendre les leçons que l'on y donnera; il sera commandé tous les jours de salle, un Capitaine pour y présider & veiller à ce que le silence y soit exactement observé, ce Capitaine sera tenu, après la salle, de rendre compte au Chef-de-brigade ou à celui qui la commandera, de ce qui s'y sera passé, afin que le Chef puisse faire punir ceux qui, sans y être autorisés, auroient manqué de s'y trouver, ou ceux qui y auroient causé du desordre & ne s'y seroient pas comportés avec la décence convenable; le Colonel ou le Lieutenant-colonel de chaque brigade assistera à ces salles autant qu'il se pourra, & un Officier-major de la brigade s'y trouvera régulièrement, pour rendre compte au Capitaine qui présidera, des Officiers qui seroient absens pour raisons de service ou autres légitimes.

C X V I I.

L'APRÈS-MIDI des jours qu'il y aura salle de théorie, il sera donné des leçons de Physique expérimentale & des leçons de dessein, dont le Chef-de-brigade prescrira les objets, ces leçons dureront depuis deux heures jusqu'à quatre & demie, tous les Lieutenans seront obligés d'y assister, & il sera commandé un Capitaine pour y présider.

C X V I I I.

LES lundi, mercredi & vendredi seront destinés à l'École de pratique; l'intention de Sa Majesté est que les Officiers & Soldats des trois nouvelles brigades, soient également instruits au tir du canon & du mortier sur terre & sur mer; il sera à cet effet choisi par les Officiers du Corps royal, chargés de former & d'assembler lesdites brigades, un endroit où l'on puisse dresser une batterie de canon & de mortiers, & trouver une butte naturelle ou en élever une dans laquelle on puisse tirer, afin de perdre le moins

I

de boulets qu'il fera poſſible; on ſe conformera dans cette partie d'École de pratique, à ce qui fera ordonné ci-après pour les anciennes brigades du Corps royal, & aux uſages que l'on fuit dans l'Artillerie de terre, dont les Inſpecteurs donneront la connoiſſance.

C X I X.

L'INTENTION de Sa Majeſté étant que les Officiers, Bombardiers & Canonniers des nouvelles brigades, ſoient inſtruits & exercés au tir du canon & du mortier, il ſera commandé chaque jour un nombre de Bombardiers & de Canonniers, commandés par des Officiers de la brigade, pour ſe rendre à cette École de pratique les jours marqués, & l'on y obſervera autant qu'il ſe pourra, tout ce qui ſera preſcrit ci-après pour les anciennes Écoles du Corps royal; ce détachement ſera toûjours commandé par un Capitaine, & un des Officiers ſupérieurs de la brigade s'y trouvera régulièrement.

C X X.

L'INTENTION de Sa Majeſté étant que les nouvelles brigades ſoient également inſtruites au ſervice de terre, pour y être employées utilement dans les circonſtances, & au ſervice de l'Artillerie qu'elles auront à remplir dans les vaiſſeaux; veut à cet effet Sa Majeſté que l'École de pratique ſe tienne ſur la mer à l'endroit jugé convenable par l'Inſpecteur du Corps royal, de concert avec le Commandant de la Marine dans le port; cette École devant être le ſimulacre de ce qui s'exécute pour la partie de l'Artillerie ſur les vaiſſeaux, elle ſe tiendra ſur un bâtiment qui ſera fourni à l'Artillerie, ainſi que les canots & autres bâtimens qui pourront lui être néceſſaires, & qui reſteront à la garde & à l'entretien de l'Artillerie.

C X X I.

ON fuivra le traité d'Artillerie qui doit être dreſſé pour la Marine dans les leçons de théorie qui ſeront données aux Bombardiers & Canonniers des nouvelles brigades, qui feront jugés en état de profiter de ces leçons, & nul Sergent, Bombardier ou Canonnier deſdites brigades ne

pourra parvenir aux places de Maître ou de Second-
canonnier sur les vaisseaux, qu'il n'ait répondu en présence
de ses concurrens, à l'examen qu'on lui fera subir sur ledit
traité, & qu'il n'ait mérité un certificat de capacité.

C X X I I.

LES leçons de théorie pour les Bombardiers & Canonniers, seront données par le Maître-canonnier de port ou
Canonnier-royal, ainsi qu'il s'est pratiqué jusqu'à présent;
il sera aidé journellement par deux Sergens du Corps
royal & par deux Maîtres-canonniers entretenus, qui rem-
pliront successivement ce service pendant huit jours.

C X X I I I.

UN Officier du Corps royal présidera à cette École,
qui sera faite le matin dans une salle de l'Arsenal les jours
où il n'y aura point d'École de pratique.

C X X I V.

IL sera choisi un emplacement convenable où les
Artificiers des nouvelles brigades pourront être instruits;
cet emplacement leur servira en même temps d'attelier
pour travailler aux artifices qui seront demandés pour
l'armement des vaisseaux; ils seront instruits par le Maître-
artificier que le Roi nommera pour remplir ce service,
à toutes les espèces d'artifices en usage dans la Marine, en
se conformant à ce qui sera prescrit à cet égard pour les
Artificiers des six anciennes brigades du Corps royal.

C X X V.

L'INTENTION de Sa Majesté est que dans chacune des
nouvelles brigades du Corps royal, il soit choisi trois
Officiers pour former la division du parc & remplir tout ce
qui sera prescrit à ce sujet par la présente ordonnance
aux Officiers des six anciennes brigades chargés du
même service.

C X X V I.

DANS tous les cas qui ne sont pas prévûs par la présente
ordonnance, & où ce qui sera ordonné par rapport aux
anciennes Écoles du Corps royal, ne pourroit pas servir
de règle pour le service des Écoles des nouvelles brigades,

les Chefs ou autres Officiers commandant lesdites brigades s'adresseront aux Inspecteurs généraux du Corps royal, & Sa Majesté veut que ce qui sera prescrit par lesdits Inspecteurs soit exactement observé & exécuté.

C X X V I I.

SA MAJESTÉ ayant réglé que le service de l'Artillerie dans les ports de Brest, Rochefort & Toulon, seroit rempli par les trois nouvelles brigades créées d'augmentation dans le Corps royal, son intention est que dans les autres ports, tels que Dunkerque, le Havre, Saint-Malo, Port-Louis, la Rochelle, Bordeaux, Bayonne, Marseille & autres, ce soit les Colonels du Corps royal, Directeurs en chef de l'Artillerie, dans les départemens desquels ces ports se trouveront compris, & les Officiers dudit Corps employés sous leurs ordres, qui commandent & fassent exécuter tout ce qui peut avoir rapport, tant à l'artillerie de terre qu'à l'artillerie de la marine, & ces Officiers se conformeront pour leurs fonctions à ce qui est prescrit par la présente ordonnance aux Officiers commandant les trois nouvelles brigades concernant le service dans les ports de Brest, Rochefort & Toulon.

C X X V I I I.

SA MAJESTÉ ayant jugé convenable d'augmenter de deux compagnies de cent Canonniers, chacune des six anciennes brigades du Corps royal, afin de les mettre en état de pouvoir remplir le service des ports qui doit leur être confié, Elle ordonne qu'il soit incessamment procédé à la levée desdites compagnies.

C X X I X.

CHACUNE des six anciennes brigades du Corps royal, sera composée à l'avenir de dix compagnies de cent hommes chacune, dont une de Sappeurs, sept de Canonniers, & deux de Bombardiers.

C X X X.

CHACUNE des compagnies nouvelles de Canonniers, destinées pour les anciennes brigades, sera composée d'un Capitaine, deux Capitaines en second, deux Lieutenans

Lieutenans en premier, deux Lieutenans en second, six Sergens, six Caporaux, six Anspessades, soixante-dix-neuf Canonniers & trois Tambours, & payée sur le pied réglé par l'article VI de l'ordonnance du 5 novembre 1758, & par l'article XI de l'ordonnance du 27 février 1760, pour les appointemens, solde & traitement des Officiers & Soldats des compagnies de Canonniers des six anciennes brigades du Corps royal.

C X X X I.

A l'égard des Masses de ces nouvelles compagnies, il en sera usé comme pour les anciennes.

C X X X I I.

LA compagnie de Sappeurs, les sept de Canonniers & les deux de Bombardiers, qui composeront à l'avenir chacune des six anciennes brigades du Corps royal, ne seront plus commandées que par sept Officiers ; savoir, un Capitaine, deux Capitaines en second, deux Lieutenans en premier & deux Lieutenans en second, qui continueront de jouir du traitement qui leur a été accordé par les ordonnances des 5 novembre 1758 & 27 février 1760.

C X X X I I I.

SA MAJESTÉ ayant reconnu que les motifs qui l'avoient déterminé à attacher les six compagnies de Mineurs au Corps du Génie, ne remplissent point les vûes qu'Elle s'étoit proposées, Elle veut & entend que lesdites six compagnies de Mineurs soient séparées du Corps du Génie, & dorénavant réunies au Corps royal de l'Artillerie, de manière qu'il soit attaché à chacune des six anciennes brigades du Corps royal, une compagnie de Mineurs, ainsi que l'est la compagnie d'Ouvriers, ne faisant point partie de ladite brigade, quoique subordonnée à l'Officier qui la commandera ; l'intention de Sa Majesté étant que les Capitaines & autres Officiers desdites compagnies de Mineurs, roulent entr'eux, pour leur avancement dans les grades, & pour le commandement, avec ceux des brigades, dans la même forme prescrite par l'article IV de

K

l'ordonnance du 27 février 1760, pour les Capitaines &
autres Officiers des compagnies d'Ouvriers.

C X X X I V.

LESDITES six compagnies de Mineurs conserveront
la même composition & les mêmes appointemens &
solde dont elles jouissent; l'intention de Sa Majesté étant
seulement que la place de premier Capitaine en second
de la première compagnie de Mineurs, soit supprimée, &
que celui qui la remplit actuellement, soit placé dans les
brigades, relativement à son ancienneté & au rang qu'il
doit occuper en conséquence.

C X X X V.

VEUT Sa Majesté qu'au moyen des dispositions portées
par les articles CXXXIII & CXXXIV de la présente
ordonnance, le plus ancien Capitaine de Mineurs cesse
de commander les six compagnies de Mineurs, en con-
servant cependant les neuf livres six sols huit deniers d'appointemens par jour, dont il jouissoit, jusqu'à ce qu'il soit
parvenu à un grade dont les appointemens soient équivalens.

C X X X V I.

LE Major & l'Aide-major qui avoient été attachés
aux compagnies de Mineurs, seront supprimés & seront
placés dans les anciennes ou nouvelles brigades, propor-
tionnément au rang qu'ils doivent occuper, eu égard à
leur ancienneté, & le détail desdites compagnies sera fait
par les Majors des brigades auxquelles elles seront attachées.

C X X X V I I.

LES Officiers, Sergens & Soldats desdites compagnies
de Mineurs, porteront l'uniforme du Corps royal de
l'Artillerie, tel qu'il est réglé par l'article XVI de l'ordonnance du 27 février 1760.

C X X X V I I I.

SA MAJESTÉ veut bien dispenser du service des
places les compagnies de Mineurs, à moins que la
nécessité n'exige de les y employer, auquel cas elles exécuteront ce qui leur sera ordonné par les Commandans

defdites places; & lorfqu'elles ne feront point employées aux ouvrages qui leur font propres, l'intention de Sa Majefté eft qu'elles foient occupées au fervice & aux travaux de l'Artillerie comme fi elles faifoient partie des brigades auxquelles elles feront attachées.

C X X X I X.

LES compagnies d'Ouvriers, qui, en conféquence de l'ordonnance du 27 février 1760, ont été attachées aux anciennes brigades du Corps royal de l'Artillerie, continueront d'être compofées de foixante hommes chacune, & ne feront plus commandées que par quatre Officiers, favoir; un Capitaine, un Capitaine en fecond, un Lieutenant en premier & un Lieutenant en fecond qui continueront de jouir du traitement & des prérogatives qui leur ont été accordés par ladite ordonnance du 27 février 1760.

Compagnies d'Ouvriers.

C X L.

L'INTENTION de Sa Majefté eft qu'il ne foit employé à l'avenir dans les anciennes brigades du Corps royal de l'Artillerie, non plus que dans les compagnies de Mineurs & d'Ouvriers qui leur font attachées, aucun Officier en qualité de Lieutenant en troifiéme. Mais Sa Majefté fentant la néceffité de ne faire paffer dans les anciennes brigades du Corps royal que des Officiers inftruits, fon intention eft d'entretenir quatre-vingt-feize Sous - lieutenans à raifon de feize par chacune des fix anciennes Écoles de ce Corps, dans lefquelles ils feront admis en fortant de l'École des Élèves; lefdits Sous-lieutenans feront payés à raifon de trente fols par jour, & tirés des anciennes Écoles pour remplir les places de Lieutenans en fecond, qui pourront annuellement vaquer dans les foixante compagnies dont vont être compofées les fix anciennes brigades, ou dans les compagnies de Mineurs & d'Ouvriers qui leur font attachées: Entendant cependant Sa Majefté qu'ils ne foient choifis que par la diftinction de leur mérite & de leurs connoiffances, & fans avoir égard à leur ancienneté.

Suppreffion du Lieutenant en troifiéme.

C X L I.

SA MAJESTÉ, vû l'augmentation de douze compagnies de Canonniers dans les fix anciennes brigades du Corps royal de l'Artillerie, & voulant donner aux Officiers de ce Corps de nouvelles marques de la fatisfaction qu'Elle a de leurs fervices, fon intention eft qu'à l'avenir trente-fix Lieutenans defdites brigades les plus anciens ou les plus méritans, jouiffent de la commiffion de Capitaine en ne faifant cependant que le fervice de Lieutenant, & fans qu'ils puiffent prétendre aucune augmentation d'appointemens; il leur fera feulement fourni trois rations de fourrage au lieu de deux qui avoient été réglées à tous les Lieutenans de ce Corps, & ce en exécution de l'article XIII de l'ordonnance du 27 février 1760.

C X L I I.

SA MAJESTÉ entend que les Lieutenans des compagnies d'Ouvriers, ainfi que ceux des compagnies de Mineurs, dont Elle a ordonné par l'article CXXXIII de la préfente ordonnance, la réunion au Corps royal de l'Artillerie, participent, comme ceux des fix anciennes brigades, auxdites commiffions de Capitaines.

C X L I I I.

POUR compofer les deux nouvelles compagnies de Canonniers, dont chaque ancienne brigade du Corps royal doit être augmentée, il fera pris dans chacune des anciennes compagnies defdites brigades, vingt hommes pour en former les Sergens, Caporaux, Anfpeffades & Haute-payes; les deux cents hommes de nouvelle levée qui feront incorporés dans chaque brigade pour l'augmentation, feront répartis également dans les dix compagnies anciennes & nouvelles, à raifon de vingt par compagnie: l'on aura attention qu'il y ait au moins dans chacune des compagnies nouvelles, deux anciens Sergens, deux anciens Caporaux & deux anciens Anfpeffades, & de les choifir propres aux détails & à la conduite de la troupe.

CXLIV.

C X L I V.

L'INTENTION de Sa Majesté étant de continuer à faire
fournir aux Capitaines de Sappeurs, Canonniers & Bombardiers des anciennes brigades du Corps royal, les
recrues nécessaires au complet de leur troupe, Elle sera
aussi fournir le nombre d'hommes nécessaires pour former
les douze compagnies nouvelles de Canonniers, créées
d'augmentation dans les six anciennes brigades du Corps
royal, & Elle fera pourvoir aux fonds nécessaires pour
l'habillement, l'armement & l'équipement de chacun de
ces douze cents hommes.

C X L V.

LES six anciennes brigades du Corps royal de l'Artillerie se conformeront pour le service qu'elles auront à
remplir, soit dans les places, soit en campagne, à ce
qui a été prescrit à cet égard par l'ordonnance du 2 avril
1759.

C X L V I.

SA MAJESTÉ connoissant de quelle utilité sont pour
le service de l'Artillerie les Écoles anciennement établies
pour le Corps royal, & jugeant à propos d'expliquer plus
particulièrement ses volontés sur ce qui devra s'y observer
à l'avenir, Elle ordonne que les anciennes Écoles déjà
établies à la Fère, Metz, Strasbourg, Grenoble, Besançon
& Auxonne, ainsi que les trois qui seront établies dans les
ports de Brest, Rochefort & Toulon, soient toûjours
commandées par les Chefs, Colonels & Lieutenans-colonels desdites brigades, auxquels sera joint dans les six
anciennes Écoles, le Lieutenant-colonel Sous-directeur,
suivant son ancienneté, & que ces Officiers aient la discipline & le commandement des Écoles, la direction des
études, ainsi que celle des travaux au parc & au polygone.

C X L V I I.

LES Écoles, soit de théorie, soit de pratique, se
continueront toute l'année sans aucune interruption.

C X L V I I I.

CHAQUE jour que l'on tiendra salle de Mathéma-

L

tiques, un Capitaine en premier y présidera, & l'un des Officiers supérieurs de la brigade ou le Sous-directeur s'y trouvera autant qu'il se pourra.

C X L I X.

L'ÉCOLE de théorie se tiendra le matin trois fois la semaine, & durera trois heures, dont une sera employée par le Professeur ou le Répétiteur à expliquer les principes de l'Arithmétique & les élémens de la Géométrie, suivant le cours du sieur Camus, pour l'instruction des Aspirans & des Officiers qui auroient besoin de se les rendre familiers ; les deux dernières heures seront employées à donner aux Officiers, déjà instruits sur les principes, des connoissances plus élevées, soit de la Méchanique Statique, soit sur la Balistique, soit sur la conduite & le nivellement des eaux, la théorie des mines, leur effet, leur développement, les fortifications, les parties de Physique & de Chymie qui ont rapport à la fonte des métaux, en observant particulièrement de faire appliquer aux usages de l'Artillerie les principes de ces différentes parties de Mathématiques, pour en faire connoître la nécessité & l'utilité.

C L.

LES Lieutenans des brigades, ceux des compagnies de Mineurs & d'Ouvriers, les Sous-lieutenans & les Aspirans attachés aux Écoles, seront obligés d'assister aux leçons de théorie avec exactitude, aux heures qui leur seront prescrites par l'Officier supérieur commandant l'École en chef.

C L I.

SA MAJESTÉ instruite de l'utilité des leçons de théorie sur les objets les plus importans de la guerre, veut qu'il soit choisi par le Commandant de l'École, des jours qui ne seront pas destinés aux salles de Mathématiques, pour traiter de l'attaque & la défense des places, & principalement donner des connoissances sur les emplacemens les plus propres à établir des batteries pour un siège ou un jour de bataille ; le Commandant de l'École donnera par

lui-même ou par un Officier qu'il choisira, ses instructions, pour lesquelles il se fera aider par le Professeur de
Mathématiques.

C L I I.

L'OFFICIER-MAJOR de la brigade qui sera de semaine,
se trouvera à la salle de Mathématique chaque jour qu'il
y aura leçon de théorie, pour informer l'Officier qui y
présidera, des Officiers qui seront de service; il lui remettra,
ainsi qu'au Commandant en chef de l'École, l'état de ceux
qui auroient manqué à la salle sans sujet légitime, afin
qu'il leur impose la punition qu'il jugera à propos.

C L I I I.

LES Sous-lieutenans attachés aux six anciennes Écoles
du Corps royal, seront sans difficulté aux ordres & sous
la discipline du Commandant de la brigade qui sera en
garnison dans la place où chaque École est établie; voulant
Sa Majesté qu'ils fassent le service de la place, concurrem-
ment avec les Lieutenans de la brigade, & qu'ils coulent
à fond après eux pour le service, afin de les instruire des
différentes fonctions qu'ils auront à remplir dans les suites.

C L I V.

L'OFFICIER-MAJOR de semaine sera obligé de faire
avertir par un Sergent de la brigade, les Aspirans, du service qu'ils auront à remplir & des ordres qu'il pourra avoir
à leur donner de la part du Commandant de l'École.

C L V.

LES Majors des brigades étant chargés de veiller à
l'application des Officiers de leur brigade, des Sous-
lieutenans attachés aux Écoles, & des Aspirans qui se
destinent à entrer dans le Corps, ils auront, sous l'autorité
du Commandant en chef de l'École, l'inspection de ce
qui se passera dans les salles de Mathématiques aux exercices du parc, au polygone ou ailleurs, lorsque leurs
occupations leur permettront de s'y trouver.

C L V I.

IL sera fait tous les six mois, par les Commandans
de l'École assemblés, un examen des Lieutenans de la

brigade, Sous-lieutenans & Aspirans attachés à l'École, sur les parties de Mathématiques qui leur auront été enseignées à la salle; le Major de la brigade assistera à ces examens, pour être témoin, avec les Commandans, des réponses & de la capacité de chaque Officier & Aspirant; il sera dressé trois états de chaque examen, signés desdits Commandans & du Major de la brigade, dont l'un sera envoyé au Secrétaire d'État ayant le département de la guerre; le second restera au Commandant de la brigade, & le troisième sera annexé aux papiers de l'École.

C L V I I.

SA MAJESTÉ voulant conserver l'émulation parmi les jeunes Officiers du Corps royal, & que leur application à l'étude ne se ralentisse jamais, Elle jugera sur les examens dont il lui sera rendu compte, des Sous-lieutenans qui devront avoir la préférence pour passer aux lieutenances qui viendroient à vaquer dans les brigades; & à l'égard des Lieutenans qui feroient connoître de la négligence ou de la mauvaise volonté dans leurs études ou exercices, Sa Majesté se réserve de leur en marquer son mécontentement par des punitions proportionnées, & en leur refusant les graces dont ils pourroient être susceptibles.

C L V I I I.

LE Commandant de l'École aura attention de ne présenter, pour remplir les places d'Élèves qui viendront à vaquer, que ceux des Aspirans qui démontreront bien l'Arithmétique & les élémens de Géométrie, conformément à l'article premier de l'ordonnance du 8 avril *1756*, joignant à leur application une conduite & des mœurs sans reproche, dont il rendra compte, ainsi que de leur capacité, au Secrétaire d'État ayant le département de la guerre.

C L I X.

IL sera attaché à chaque ancienne École du Corps royal, un Aide-professeur, suffisamment instruit sur le dessein de la fortification, des machines & attirails servant à l'Artillerie, pour qu'il puisse entretenir dans ce travail

les

les Lieutenans des brigades & les Sous-lieutenans, en donner des régles aux Aspirans, leur faire à tous rapporter sur le papier les leçons de pratique qui leur auront été données sur le terrein, & exécuter les desseins & autres travaux qui leur seront prescrits par le Commandant de l'École; Sa Majesté se réserve de lui assigner un traitement, dont il jouira sur les revûes des Commissaires des guerres & du Corps royal.

C L X.

LES après-midi des jours qu'il y aura salle de Mathématiques & pendant deux heures, l'Aide-professeur donnera une leçon de théorie en répétition, sur l'Arithmétique & les élémens de Géometrie, pour les Aspirans & pour les Officiers qui auroient besoin de se les rappeler & de s'en rendre les démonstrations plus présentes.

C L X I.

IL sera commandé un Capitaine en second des brigades, pour présider à ces salles de répétition, auxquelles seront tenus d'assister les Officiers, les Lieutenans ou Sous-lieutenans qui seront jugés par le Commandant de l'École en avoir besoin; ce Capitaine en second devra rendre compte au Commandant de l'École, de ceux qui auroient manqué d'y assister, il lui sera remis à cet effet par un Officier-major de la brigade, l'état de tous ceux qui devront s'y trouver.

C L X I I.

UN Officier-major de la brigade ira prendre tous les jours, du Commandant en chef de l'École, les ordres relatifs au service de l'École, soit de théorie, soit de pratique.

C L X I I I.

L'ÉCOLE de pratique se tiendra le matin de préférence, trois fois la semaine; observant que le commerce public n'en soit pas incommodé, & pour l'éviter, il n'y en aura pas les jours de marchés auxquels les environs d'une ville sont les plus fréquentés.

M

C L X I V.

LES Écoles de théorie & de pratique se tiendront alternativement d'un jour à l'autre.

C L X V.

ON se conformera dans les Écoles de pratique pour dresser les Sappeurs, Canonniers, Bombardiers & Mineurs à leurs différens services, à ce qui est prescrit par les réglemens & décisions donnés à ce sujet depuis l'établissement des Écoles.

C L X V I.

DANS le cas où le commandement de l'École seroit dévolu au Lieutenant-colonel Sous-directeur, il se concertera avec le Commandant de la brigade pour convenir ensemble du nombre d'hommes qui pourra être fourni pour les exercices de pratique ordonnés par lui, sans trop fatiguer la troupe & sans nuire aux autres services de la place; & en cas de difficulté, l'Officier le plus élevé en grade, où le plus ancien à grade égal & commandant le Corps royal dans la place, donnera ses ordres, qui seront exécutés sans difficulté.

C L X V I I.

LE Colonel, le Lieutenant-colonel de la brigade, & le Lieutenant-colonel Sous-directeur, assisteront alternativement aux Écoles de pratique, pour y expliquer, indiquer & faire exécuter aux Officiers & Soldats ce qui aura été réglé par le Commandant de ladite École.

C L X V I I I.

SA MAJESTÉ voulant que les Officiers du Corps royal soient instruits sur tout ce qui regarde l'attaque & la défense des places, particulièrement pour l'emplacement des batteries, le Commandant de l'École, lorsque la saison le permettra, fera lever le plan du polygone par l'Aide-professeur, en présence des Lieutenans, des Sous-lieutenans & des Aspirans attachés à l'École, en sorte que chaque Officier & Aspirant en ait une copie fidèle & exacte qu'il aura dessiné lui-même, & sur laquelle chacun formera de son côté un projet d'attaque, &

placera les batteries le plus avantageusement qu'il le pourra
suivant les idées qu'il se sera formées d'après les leçons
que le Professeur aura faites précédemment sur cette
matière : ils exposeront, chacun à leur tour, à la salle de
Mathématiques les après-midi des jours qui ne seront
pas destinés aux leçons de théorie, & en présence des
Commandans de l'École, les raisons qui les ont déterminés pour l'emplacement desdites batteries sur le plan
d'attaque qu'ils auront imaginé ; & en y corrigeant ce qui
pourra s'y trouver de défectueux, on leur fera connoître
les règles invariables que l'on doit toûjours observer pour
bien diriger les feux d'attaque, soit à ricochet, soit
directs, soit en brèche.

C L X I X.

SA MAJESTÉ entend que pendant chaque campagne,
le Commandant de l'École fasse exécuter quelque projet
de mine, suivant que le terrein le permettra, en y em-
ployant les règles convenables à cette science, & sur
laquelle le Professeur, guidé par le Commandant en
chef de l'École, aura fait précédemment à la salle de
Mathématiques des leçons suffisamment instructives pour
l'intelligence & la conduite de ces travaux.

C L X X.

LORSQUE les compagnies de Mineurs se trouveront
dans les places où sont établies les anciennes Écoles du
Corps royal, elles seront exercées aux travaux des mines,
sous la conduite de leurs Officiers & la direction du Commandant de l'École ; & pour que tous les Officiers du
Corps royal aient une notion de la partie des mines, il
sera commandé quelques Officiers subalternes des brigades
pour aider les Officiers des compagnies de Mineurs, &
lorsqu'il n'y aura point de compagnie de Mineurs dans une
École, les Lieutenans en premier des brigades sous la
direction du Commandant de l'École, seront chargés de
la conduite des galeries & fourneaux de mines, ayant sous
eux des Lieutenans en second & des Sous-lieutenans, en
sorte que tous les jours de ce travail il y ait un Lieutenant

en premier, un Lieutenant en second & un Sous-lieutenant; le Commandant en chef de l'École, qui aura
formé le projet de ces galeries & fourneaux de mine,
pour faire sauter quelqu'objet déterminé, aura attention
que chaque Officier qui devra suivre cet ouvrage & s'en
instruire, soit muni d'un plan dessiné par lui-même &
conforme au projet.

C L X X I.

Le Lieutenant en premier de jour, chargé de la conduîte
des galeries & fourneaux de mines, ne manquera jamais
avant de quitter l'attelier, de marquer sur le plan, relativement à l'échelle, l'ouvrage fait sous ses ordres, & il
aura soin en même-temps que les Officiers qui auront
travaillé avec lui fassent les mêmes observations sur leur
plan particulier au retour du travail; il en rendra compte
au Commandant de l'École, qui de son côté le com-
muniquera à celui des Lieutenans en premier qui devra
continuer le même ouvrage, afin qu'il soit instruit de
ce qui restera à faire pour le perfectionner & l'avancer;
le Commandant de l'École qui sera de jour, tiendra la
main à ce que ce travail soit bien dirigé & bien suivi.

C L X X I I.

Sa Majesté voulant que les Soldats des six anciennes
brigades du Corps royal soient instruits sur toutes les parties
du travail auquel ils sont destinés, relatif à l'attaque ou à
la défense des places, & Sa Majesté se réservant d'en
ordonner des simulacres lorsqu'Elle le jugera à propos,
Elle ordonne que l'on rétablisse & que l'on entretienne
soigneusement les fronts de fortifications élevés aux champs
d'exercice des Écoles de la Fère, de Metz, Strasbourg,
Grenoble & Besançon, & qu'il en soit tracé & élevé un
semblable pour l'École d'Auxonne, dans l'endroit qui sera
jugé le plus convenable.

C L X X I I I.

L'Intention de Sa Majesté est que tous les Soldats
du Corps royal, indifféremment, soit Sappeurs, Canonniers ou Bombardiers, soient instruits à servir le canon,

les

les mortiers, les obuziers & les pierriers, à manier proprement les terres des batteries, à faire des fascines, des
piquets, à former des saucissons, façonner des gabions,
des claies, des tonnages, à lever & poser des gasons proprement; ils seront tous exercés à ces différens travaux;
observant cependant d'instruire plus particulièrement les
Sappeurs à conduire & former les sappes, & les obligeant
d'y travailler couverts de leurs armes, afin de les y habituer,
leur apprenant à raisonner sur le genre & la direction
de leur travail, & les précautions qu'ils devront prendre
relativement à ce qu'ils ont à craindre des ouvrages de
la place & de la direction de leurs feux.

C L X X I V.

On aura de même l'attention d'instruire particulièrement les Artificiers & Bombardiers au jet des bombes &
au tir des obuziers, en leur faisant connoître les précautions
avec lesquelles les mortiers doivent être chargés & pointés,
soit pour que la bombe tombe, d'une grande élévation,
sur les ouvrages ou bâtimens que l'on veut enfoncer, soit
que l'on ne veuille qu'incommoder les ennemis par les
éclats; il est important de les instruire sur la façon de
charger la bombe & sa fusée, & de chasser la fusée de
manière qu'il n'en puisse résulter aucun accident.

C L X X V.

Le Commandant de l'École donnera par écrit à
l'Officier-major de la brigade, l'ordre & la distribution
pour les détachemens destinés aux exercices de pratique,
& cet Officier lui remettra les noms des Officiers qui
devront être commandés pour ce service.

C L X X V I.

L'intention de Sa Majesté étant que les jeunes
Officiers du Corps royal soient instruits des différens
travaux qui se feront à l'École de pratique, pour être
en état de les conduire; les Commandans de l'École
auront une singulière attention à ce que lesdits Officiers
entendent bien dans quelle vûe il leur est recommandé
de prendre garde que le Soldat manie proprement les

terres & avec activité, que les talus soient exactement
observés, les alignemens bien donnés, & les raisons des
précautions que l'on ordonne de prendre, soit pour le
tir du canon & des mortiers, soit pour toute autre espèce
de travaux.

C L X X V I I.

L'EXERCICE des bouches à feu sera toûjours commandé, de droit, par les Officiers-majors de la brigade;
mais l'intention de Sa Majesté étant que tous les Officiers
du Corps royal sachent commander aux Soldats qui leur
sont subordonnés, tous les exercices relatifs à leur service,
le Commandant de l'École devra de temps en temps faire
commander l'exercice des bouches à feu par d'autres
Officiers de la brigade, & même par des Sous-lieutenans
attachés aux Écoles, afin que tous soient également
instruits.

C L X X V I I I.

IL sera choisi par le Commandant de l'École, un
Lieutenant en premier, un Lieutenant en second & un
Sous-lieutenant, pour former une division qui sera chargée
des détails du parc; le Lieutenant en premier remplira
les fonctions de Directeur du parc, & il sera nommé un
Sergent intelligent pour faire les fonctions de Garde du
parc.

C L X X I X.

SA MAJESTÉ voulant que tous les Lieutenans & les
Sous-lieutenans chargés des détails du parc, s'instruisent
parfaitement de tout ce qui regarde l'approvisionnement
des bouches à feu, & connoissent l'importance de cette
instruction pour son service; Elle veut que les Officiers
qui feront chargés de ce détail, ne le soient que pendant
six mois, qu'ils soient ensuite relevés par d'autres, & que
pendant tout le temps qu'ils seront attachés à la division
du parc, ils ne soient assujétis dans la place à aucun autre
service que celui de l'École, & qu'il en soit usé de même
à l'égard des Sergens qui feront choisis pour faire les
fonctions de Gardes du parc.

C L X X X.

LE Sergent qui fera les fonctions de Garde du parc, donnera fes reçûs au Garde-magafin de la place, pour les munitions qui lui auront été délivrées pour le fervice du parc, & qui feront fournies fans difficulté fur les demandes du Commandant de l'École & par les ordres de l'Officier commandant l'Artillerie dans la place.

C L X X X I.

LE Lieutenant en premier, faifant les fonctions de Directeur du parc, aura foin que le Sergent faifant les fonctions de Garde, foit pourvû de deux regiftres cottés & paraphés par le Commiffaire des guerres & du Corps royal, fur l'un defquels il fera écrire en toutes lettres & fans rature, l'inventaire des pièces de canon, attirails & munitions d'Artillerie, exiftant dans les batteries & magafins du parc; que cet inventaire foit fait dans la forme dont le Commiffaire du Corps royal lui donnera le modèle; l'autre regiftre fervira au Garde du parc, à écrire de même les remifes & confommations de chaque quartier; les inventaires feront renouvelés tous les fix mois, à chaque changement de Garde, & feront envoyés au Secrétaire d'État ayant le département de la guerre, après avoir été fignés par le Garde, certifiés par le Lieutenant faifant les fonctions de Directeur du parc, vifés par le Commandant de l'École, & vérifiés par le Commiffaire des guerres & du Corps royal; ces états de remifes & confommations feront envoyés tous les trois mois, revêtus des formalités ci-deffus.

C L X X X I I.

LE Lieutenant en premier, Directeur du parc, aura grand foin que les Officiers qui feront employés fous lui, foient bien inftruits de ces détails, & le Commandant de l'École y tiendra foigneufement la main, les Officiers du Corps royal ne pouvant donner trop d'attention à s'accoûtumer à mettre de l'ordre dans les différens détails dont ils font chargés, de quelque efpèce qu'ils puiffent être.

C L X X X I I I.

Le Directeur du parc fera faire par le Sergent Garde du parc toutes les dépenses qui lui feront ordonnées par le Commandant en chef de l'École, relativement au service de ladite École, & il fera dresser tous les six mois par le même Garde un état détaillé signé par ledit Garde, certifié par lui, visé par le Commandant en chef de l'École, & vérifié par le Commissaire des guerres & du Corps royal : cet état sera fait triple, pour une expédition être envoyée au Secrétaire d'État ayant le département de la guerre, une autre au Trésorier du Corps royal de l'Artillerie, avec la quittance en parchemin du Garde du parc, & la troisieme restera jointe aux papiers de l'École.

C L X X X I V.

Le Commandant en chef de l'École tiendra la main à ce que ces dépenses soient faites pour la plus grande utilité avec toute l'économie possible, & n'excédent point le fonds qui aura été ordonné par le Secrétaire d'État ayant le département de la guerre.

C L X X X V.

Sa Majesté voulant que les Sergens, Bombardiers, Soldats & Artificiers des brigades soient instruits sur toutes les parties qui concernent les artifices de guerre, les Commandans des Écoles auront attention qu'il y ait au parc un couvert fermé, commode & destiné seulement à cet usage. Les après-midi des jours qui ne seront point employés aux exercices de pratique, on y fera pour ces Soldats des Écoles particulieres d'Artifices sous l'inspection d'un des Commandans de l'École, en présence d'un Officier de la division du parc : il sera commandé pour assister à ladite École deux Lieutenans ou Sous-lieutenans; les Soldats-artificiers y apprendront la préparation & le mélange des matieres, on leur montrera les doses déterminées par poids & par mesures des différentes matieres qui entrent dans chaque piece d'artifice de guerre, & qu'on leur fera exécuter; on leur

sera

fera voir l'utilité & l'emploi de chaque uftenfile fervant
à la compofition defdits artifices, avec la manière de
s'en fervir promptement & avec l'adreffe convenable;
l'Artificier du Roi employé à la fuite de l'École, après
avoir expliqué à haute voix, & le plus intelligiblement
qu'il le pourra, les procédés qu'il faut obferver dans la
compofition de l'efpèce d'artifice à laquelle on devra
travailler, partagera le travail de manière que tous lefdits Soldats-artificiers foient occupés à quelque chofe
d'utile; il aura attention de les queftionner de temps en
temps les uns après les autres fur ce qu'ils font & fur ce
qu'ils ont intention de faire, pour connoître s'ils ont
bien entendu les inftructions qu'il leur aura données fur
l'efpèce d'artifices auxquels ils travaillent.

C L X X X V I.

POUR que lefdits Soldats-artificiers n'oublient pas les
inftructions qu'il auront reçûes, Sa Majefté ordonne qu'il
leur foit dicté des mémoires particuliers qui puiffent les
leur rappeler au befoin; ordonne auffi Sa Majefté au
Major de chaque brigade, de tenir la main à ce que
chaque Sergent de Bombardiers & Soldat-artificier, foit
muni d'un petit regiftre, fur lequel ils puiffent écrire
eux-mêmes les leçons qui leur feront dictées par l'Artificier
du Roi, dans l'endroit que le Commandant de l'École
indiquera pour les affemblées. Ce même Artificier fera
lire & expliquer par chacun d'eux, en préfence du Commandant de l'École de jour & d'un Officier-major de la
brigade, ce qu'ils auront écrit, pour connoître s'ils l'ont
fait correctement & s'ils le comprennent.

C L X X X V I I.

LES Sous-lieutenans attachés aux Écoles devant paffer
aux Lieutenances qui viendront à vaquer dans les anciennes brigades du Corps royal, Sa Majefté veut qu'ils
foient armés & équipés, ainfi que les autres Officiers defdites brigades, qu'ils foient exercés au maniement des
armes & aux évolutions militaires; & lorfque la brigade,
ou partie feulement, s'affemblera pour ces efpèces d'exer-

cice, que le Commandant de l'École les fasse commander tous, ou le nombre d'eux qu'il jugera convenable, pour faire l'exercice avec la troupe : ils seront répartis à cet effet par le Major dans les différentes compagnies.

C L X X X V I I I.

CHAQUE jour d'exercice de pratique il sera désigné par le Commandant de l'École, le nombre de Sous-lieutenans qui devront marcher avec le détachement, ainsi que les Officiers de la brigade, & dans les places qui leur feront assignées une fois pour toutes; ils passeront de même à la suite de la brigade les revûes des Inspecteurs & des Commissaires du Corps royal.

C L X X X I X.

SA MAJESTÉ instruite qu'il est difficile que les Officiers du Corps royal sachent bien commander l'exercice du canon & du mortier, s'ils ne l'ont pratiqué eux-mêmes, Elle ordonne que la division des Sous-lieutenans qui marchera avec le détachement à l'École de pratique, soit employée à servir une pièce de canon du calibre de quatre, ou un mortier, alternativement d'un jour à l'autre; le Commandant de l'École de jour aura attention que pour le service du canon lesdits Sous-lieutenans tiennent eux-mêmes les leviers, qu'ils suivent exactement les commandemens généraux de la batterie, qu'ils écouvillonnent & qu'ils chargent la pièce, qu'ils pointent, qu'ils donnent du flasque, &c. Et pour les guider plus sûrement, il leur sera attaché le Lieutenant en premier du détachement, qui les fera placer convenablement, & qui leur indiquera tous les mouvemens relatifs au commandement général de la batterie. A l'égard du service du mortier, il leur sera donné deux Soldats-bombardiers pour faire les manœuvres trop pesantes, & mettre le feu au mortier; le Lieutenant en premier du détachement qui leur sera attaché, de même que pour le service du canon, les instruira des précautions à prendre dans le service du mortier pour éviter les accidens; il leur montrera à prendre la direction sur l'objet & à pointer promptement, enfin il les dirigera dans tout ce qu'il faudra faire pour remplir ces exercices avec l'adresse & l'activité nécessaires.

C X C.

SA MAJESTÉ sachant combien il est important aux Officiers du Corps royal de connoître les positions les plus avantageuses aux batteries un jour de bataille, ou pour l'attaque & la défense d'un poste, Elle ordonne que, lorsque la saison le permettra, le Commandant de l'École choisisse un terrein sur lequel il puisse supposer des armées rangées en bataille ou retranchées dans un poste, & sur lequel ces troupes pourront être désignées par des piquets. Les Lieutenans & Sous-lieutenans auront le plan exact de ce terrein qu'ils auront levé avec le secours de l'Aide-professeur & dessiné eux-mêmes; chaque Officier, d'après les leçons particulières qui leur auront été données précédemment sur ces matières, fera son projet d'emplacement de batteries, qu'il placera sur son plan, ensuite il indiquera sur le terrein, par des jalons, l'emplacement des batteries qu'il croira le plus avantageux, soit pour l'attaque, soit pour la défense, en expliquant les raisons qui l'auront déterminé. Ces emplacemens seront rectifiés ou approuvés par le Commandant de l'École qui sera de jour, qui expliquera à ces Officiers les règles qui doivent les conduire relativement à la connoissance du terrein sur lequel on opère; & le plan ainsi rectifié & le mémoire raisonné qui doit l'accompagner, sera remis au Commandant en chef de l'École, pour qu'il puisse juger de l'application & de l'intelligence de chaque Officier, & en rendre compte dans l'occasion au Secrétaire d'État ayant le département de la guerre.

C X C I.

SA MAJESTÉ voulant que les Officiers du Corps royal connoissent à la seule inspection & même à une certaine distance, les figures que doivent faire les différens ouvrages qui entrent ordinairement dans la fortification régulière & irrégulière, Elle enjoint au Commandant en chef de chaque École, de prendre quelques semaines

de la belle faison, pour que le Profeffeur & l'Aide-
profeffeur, tracent en rafe campagne, dans un terrein
propre, où l'on ne puiffe caufer aucun dommage, des
fronts de fortification, avec des dehors marqués par des
jalons, avec un tracé léger, mais affez fenfible pour que
les Officiers préfens à cet ouvrage puiffent remarquer le
contour & la forme des pièces qui compoferont ce
polygone; le Commandant de jour leur fera lever le plan
de ce polygone à une certaine diftance, pour qu'ils apprennent à fe fervir des inftrumens propres à cet ufage,
à y appliquer les règles de la Géométrie, & connoître
les lignes dont on cherche la pofition refpective &
les longueurs.

C X C I I.

LES Officiers du Corps royal ne devant rien ignorer de
tout ce qui regarde le fervice & l'exécution de l'Artillerie,
Sa Majefté ordonne aux Commandans de chaque Ecole
de choifir quelques femaines, à leur volonté, & les jours
qu'il n'y aura point eu de falle de Mathématiques, pour
être employés à la lecture & à l'étude de bons mémoires
fur la compofition de la poudre & des artifices de guerre
de toutes efpèces, fur la fonte des pièces de canon &
des mortiers, fur l'alliage des matières qui entrent dans
leur compofition, fur la manière de couler les bombes
& les boulets pour leur plus grande perfection, fur la
fabrique des armes blanches & à feu, fur les moyens d'en
découvrir les défauts & de les éviter, fur la façon d'en
faire les épreuves, fur la conftruction des ponts, la manière
de les jeter promptement & de les replier de même,
fur la formation des équipages de fiége & de campagne,
fur l'approvifionnement des places en munitions de tous
genres, relativement à la quantité des bouches à feu, aux
durées de fiéges, au cas d'attaque ou de défenfe, & à la
force des armées; il fera auffi donné des mémoires pour
indiquer les formules des différens états & procès-verbaux
qu'un Officier d'Artillerie eft fouvent dans le cas de
former, & qu'il ne peut faire d'une manière uniforme &

conformément

conformément aux intentions de Sa Majesté, s'il n'y a été préparé par des instructions qu'il aura dû recevoir dans les Écoles.

C X C I I I.

L'INTENTION de Sa Majesté étant que les instructions ne soient jamais ralenties dans les Écoles qu'Elle a établies pour le Corps royal, Elle veut que pendant quelques semaines de l'année & dans les temps les plus favorables, au choix des Commandans de chaque École, le Professeur donne le matin ou l'après-midi des jours qu'il n'aura pas tenu la salle de Mathématiques, quelques leçons de Physique expérimentale, les plus utiles à l'intelligence de ce que doit savoir un Officier du Corps royal ; qu'il fasse, en présence de ces Officiers, quelques procédés de Chymie pour l'analyse, la décomposition des métaux, leur mélange & ce qui en résulte, & que ces instructions roulent toûjours sur des objets qui regardent plus particulièrement le service de l'Artillerie.

C X C I V.

LES Commandans de chaque École auront attention que les jeunes Officiers apprennent & connoissent toutes les parties des pièces de canon, des mortiers, des affûts & de tous les attirails servant à l'Artillerie, les noms des différens outils dont se servent les ouvriers qui y sont attachés & employés, celui des machines propres à l'Artillerie, ainsi que la manière de les manœuvrer aisément & avec adresse ; enfin les noms de tous les ustensiles qui peuvent entrer dans la composition d'un équipage de campagne ou de siége, avec l'emploi qu'on en doit faire : Ces jeunes Officiers seront tenus de faire eux-mêmes les desseins & les développemens des machines & attirails les plus essentiels, en y observant les diminutions ordonnées ou convenues pour chaque partie ; & pour qu'ils puissent prendre une connoissance plus exacte de la construction des attirails, & se mettre en état de les faire construire d'eux - mêmes dans les différens endroits où ils pourront être détachés par la suite, le

Commandant de l'École fera commander tous les jours quelques-uns de ces jeunes Officiers pour fuivre les travaux & conftructions qui s'exécuteront dans les Arfenaux des places où font établies les Écoles, & on nommera un Capitaine en fecond de la brigade pour veiller à ce qu'ils s'y rendent exactement, & leur donner ou leur faire donner par les Chefs d'ouvriers les explications dont ils auroient befoin.

C X C V.

COMME il eft important que tous les Officiers du Corps royal foient en état de commander par euxmêmes toutes les manœuvres en ufage & néceffaires dans le fervice de l'Artillerie, il fera envoyé de jeunes Officiers pour être préfens aux manœuvres qui s'exécuteront dans les places où font établies les Écoles, ou à celles qui feront ordonnées pour l'inftruction des Sergens & Soldats; & lorfque ces Officiers en feront fuffifamment inftruits, ils feront chargés de les commander & de les faire exécuter eux-mêmes.

C X C V I.

SA MAJESTÉ enjoint à tous les Commandans des Écoles du Corps royal, de tenir la main à ce que les Profeffeurs & Aides-profeffeurs rempliffent utilement leurs fonctions, qu'ils donnent les inftructions ordonnées & convenues avec la plus grande clarté, & qu'ils y emploient tout le temps prefcrit pour que les Officiers qui les écoutent puiffent en tirer tout le fruit qu'on doit en attendre. Les Commandans defdites Écoles auront attention qu'il ne refte à ces jeunes Officiers aucun doute fur les Sciences qui feront le fujet des leçons & l'objet des inftructions.

C X C V I I.

SA MAJESTÉ ordonne aux Chefs-de-brigades, & autres Officiers qui fe trouveront commander les Écoles, d'avoir la plus grande attention à ce que tous les Officiers qui leur font fubordonnés foient affidus aux inftructions prefcrites par la préfente ordonnance, &

s'appliquent à acquérir les connoissances utiles à son service; ils rendront compte régulièrement du progrès ou de la négligence de chacun desdits Officiers au Secrétaire d'État ayant le département de la guerre, ainsi qu'aux Inspecteurs généraux du Corps royal, & ce ne sera que sur leurs témoignages que les Officiers dudit Corps pourront espérer de l'avancement & les graces de Sa Majesté.

CXCVIII.

L'ÉCOLE des Élèves continuera d'être commandée, tant pour la discipline que pour la direction des études, par un Lieutenant - colonel du Corps royal commandant en chef, un Capitaine en premier commandant en second, & un Capitaine en second commandant en troisième, auxquels Sa Majesté veut bien attribuer des appointemens extraordinaires par chaque année, savoir; quinze cents livres au Lieutenant - colonel commandant en chef, douze cents livres au Capitaine en premier commandant en second, & mille livres au Capitaine en second commandant en troisième, desquels appointemens extraordinaires ils jouiront pendant le temps qu'ils seront employés à ces commandemens; ils seront payés sur les revûes des Commissaires des guerres.

École des Élèves.

CXCIX.

L'INTENTION de Sa Majesté est que nul sujet ne soit admis à l'École des Élèves s'il ne sait au moins l'Arithmétique démontrée & les élémens de la Géométrie, conformément à l'article premier de l'ordonnance du 8 avril 1756.

CC.

IL y aura tous les matins des jours ouvrables, leçon de théorie qui durera trois heures, depuis neuf heures jusqu'à midi, & tous les après-midi des mêmes jours ouvrables, leçon de dessein depuis deux heures jusqu'à quatre, excepté les jours où les Élèves seront conduits à des leçons de pratique qui leur tiendront lieu de leçons de théorie ou de dessein, selon le temps où ils y auront

été employés; & depuis quatre heures jusqu'à six il y aura
salle de répétition pour ceux des Éléves qui ne seront
pas suffisamment instruits des principes de l'Arithmétique
& de ceux de la Géométrie.

C C I.

SA MAJESTÉ, en entretenant un Aide-professeur de
Mathématiques à la suite de l'Ecole des Éléves, veut qu'il
fasse tous les jours la salle de répétition indiquée, depuis
quatre heures de l'après-midi jusqu'à six, & sur les matières
convenues avec le Commandant de l'Ecole; Elle veut
aussi qu'il soit obligé de donner des leçons particulières
à ceux des Éléves que le Commandant de l'Ecole pourroit
lui indiquer & qui auroient besoin de plus amples explications que celles des salles ordinaires, pour bien entendre
& saisir les démonstrations des théorèmes difficiles, &
lever les difficultés qui leur resteroient après lesdites explications.

C C I I.

LA compagnie des Éléves du Corps royal devant être
composée de cinquante sujets, & l'instruction ne pouvant
se faire pour tous à la fois avec un égal succès, l'intention
de Sa Majesté est qu'elle soit divisée en deux classes, l'une
pour le lundi & l'autre pour le mardi; la classe qui aura
assisté le lundi aux leçons de théorie, viendra le mardi
à la salle de l'après-midi pour le dessein, & celle qui
aura assisté le lundi à la salle de dessein, viendra le mardi
aux leçons de théorie, & ainsi de suite pour les autres jours
de la semaine, suivant cette alternative qui paroît la plus
sûre pour le progrès des études.

C C I I I.

LES trois heures destinées à la théorie, se diviseront en
deux parties d'une heure & demie chacune, la première
sera employée à faire répéter aux Éléves les matières qui
leur auront déjà été expliquées; & pendant la seconde
le Professeur expliquera les théorèmes. les Éléves les
répéteront sur le champ & à mesure que l'explication
s'en fera, pour que lesdits Éléves en saisissent mieux les
difficultés,

difficultés, & qu'ils apprennent à se servir facilement
des termes propres pour se faire entendre.

C C I V.

Un des Commandans de l'École des Élèves présidera
tous les jours à toutes les instructions & à tous les exercices
qui se feront aux salles de Mathématiques, à celle de
dessein, & ailleurs où les Élèves seroient assemblés, pour
y maintenir le bon ordre, y faire observer le silence &
contenir chacun dans le devoir prescrit.

C C V.

Le Commandant de l'École des Élèves qui présidera
aux Salles, nommera ceux qui doivent répondre au tableau,
il tiendra une note de leurs réponses, qu'il remettra à la
fin de chaque semaine à celui qui commande ladite École
des Élèves, pour qu'il puisse juger de la capacité & du
progrès de chaque Élève dans les études, & qu'il soit
toûjours en état d'en rendre compte au Secrétaire d'État
ayant le département de la guerre.

C C V I.

Le Commandant de l'École des Élèves conviendra
avec les autres Commandans & le Professeur, des matières
qui devront être expliquées par ledit Professeur aux salles
de Mathématiques, & être répétées par les Élèves, suivant
la capacité de la classe où ils se trouvent; observant toûjours
de ne pas s'écarter du cours ordonné pour les instructions
de l'École, & auquel le Professeur sera obligé de se con-
former sans y rien changer.

C C V I I.

La figure, l'ornement, l'architecture civile & militaire,
le plan, la fortification, les attirails, les machines & principalement celles qui servent à l'Artillerie, &c. feront
l'occupation des Élèves pendant le temps destiné à la
Salle de dessein; le Professeur de dessein leur donnera
les connoissances dont ils auront besoin sur toutes ces
parties, & leur fera des leçons relatives à chaque genre
de travail auquel ils seront attachés.

CCVIII.

L'INTENTION de Sa Majesté étant que les Élèves du Corps royal soient bien instruits sur toutes les parties du dessein qui leur convient, & le Professeur de dessein attaché à la suite de cette École, ne pouvant suffire seul à donner à chaque sujet les leçons particulières qui leur sont absolument indispensables pour l'intelligence & les règles du dessein auquel ils s'appliquent ; Elle veut qu'il soit donné audit Professeur, un Aide qui puisse enseigner aux commençans les principes de l'art du dessein, soit pour la figure, soit pour la fortification & faciliter aux jeunes Élèves l'adresse convenable & les connoissances nécessaires pour y faire des progrès ; cet Aide-professeur de dessein sera payé sur les revûes du Commissaire des guerres & du Corps royal, des appointemens qui lui seront assignés.

CCIX.

ÉTANT essentiel que les Officiers du Corps royal, non seulement sachent les règles du dessein, mais s'habituent à les mettre en pratique, les Commandans de l'École tiendront la main à ce que les Élèves ne négligent point cette partie, sous prétexte de défaut de talent naturel pour y réussir ; l'intention de Sa Majesté est à cet effet que le Commandant de l'École, dans les premiers jours de Janvier & de Juillet de chaque année, rende compte au Secrétaire d'État ayant le département de la guerre, de ceux des Élèves en qui il remarquera de la négligence ou de la mauvaise volonté si préjudiciables aux progrès des Sciences & d'un exemple si pernicieux.

CCX.

LE Commandant de l'École des Élèves du Corps royal, pourra changer les heures des leçons de théorie, de dessein & de répétition, suivant les temps & ce qu'il croira le plus convenable au progrès des études ; mais il ne pourra jamais les interrompre ni les suspendre ; l'intention de Sa Majesté est que les exercices établis se continuent pendant toute l'année sans relâche & avec

l'activité qu'exige nécessairement la prompte instruction
defdits Élèves.

C C X I.

SA MAJESTÉ défirant que les Élèves du Corps
royal foient inftruits principalement fur les parties qui
peuvent avoir du rapport aux Sciences auxquelles ils
s'appliquent; voulant étendre leurs connoiffances le plus
qu'il fera poffible, & les mettre en état de s'élever à de
plus hautes études, & la Phyfique expérimentale répon-
dant à ces vûes, il fera nommé en conféquence par Sa
Majefté un Profeffeur pour faire auxdits Élèves, pendant
les mois d'Août & de Septembre de chaque année, un
cours de Phyfique expérimentale, en fuivant pour cela
celui que l'Abbé Nollet a rédigé en forme de leçons,
Sa Majefté fe réfervant de former à cet effet dans l'endroit où eft établie l'École des Élèves dudit Corps royal,
un cabinet de machines & d'inftrumens de Phyfique
expérimentale en quantité fuffifante pour cette inftruction; il fera donné avis au Commandant de l'École de
l'arrivée dudit Profeffeur de Phyfique, pour qu'il puiffe
prendre des arrangemens convenables aux autres inftructions de l'École, lefquelles ne doivent jamais être
interrompues ni fufpendues, dans quelque temps & fous
quelque prétexte que ce puiffe être.

C C X I I.

SA MAJESTÉ inftruite que pour l'intelligence de
plufieurs leçons de la Phyfique expérimentale, qui roulent
fur le fyftème du monde, il eft néceffaire d'avoir quelques
connoiffances préliminaires de la Cofmographie, Elle
veut que pendant quelques femaines avant les mois
d'Août & de Septembre de chaque année, & au choix
du Commandant de l'École, fans cependant en interrompre ni fufpendre les autres exercices ordonnés, il foit
fait par le Profeffeur, à ceux des Élèves les plus en état
d'en profiter, des leçons de Cofmographie & de Géo-
graphie pour que lefdits Élèves puiffent comprendre &
entendre les inftructions qu'on pourra leur donner fur les

globes terrestres & célestes, & sur les différens mouvemens vrais ou apparens de tous les corps qui composent
l'Univers.

C C X I I I.

DÉFEND Sa Majesté d'admettre aucun Étranger
aux leçons & aux exercices des Écoles des Élèves, ni
même aucuns Officiers des Écoles & des brigades du
Corps royal en résidence dans l'endroit où est établie
ladite École, conformément aux articles XIII & XXV,
de l'ordonnance du 8 avril 1756, pour que les jeunes
Élèves dudit Corps royal ne soient point détournés
dans leurs études par aucunes dissipations étrangères, &
que les Commandans soient plus en état d'y faire observer le bon ordre.

C C X I V.

L'INTENTION de Sa Majesté étant que les Élèves
du Corps royal subissent deux fois l'année un examen
sur les Mathématiques, & qu'ils fassent voir les desseins
qu'ils auront travaillés à la salle depuis le dernier examen,
il sera envoyé à cet effet dans les mois de Juillet & de
Décembre de chaque année un Examinateur nommé par
Sa Majesté pour connoître les progrès que lesdits Élèves
auront fait dans leurs études, & en rendre compte ensuite
au Secrétaire d'État ayant le département de la guerre,
l'examen se fera toûjours en présence des Commandans
de l'École desdits Élèves.

C C X V.

VEUT aussi Sa Majesté que les Commandans de
l'École des Élèves & l'Examinateur se rassemblent, après
l'examen fini, pour déterminer par classes le degré de
capacité de chaque Élève; il en sera dressé deux états
séparés, dont l'un signé par l'Examinateur restera au
Commandant de l'École, & l'autre signé par le Commandant de l'École sera remis à l'Examinateur pour lui
servir à dresser ses Mémoires d'examen, & au compte
qu'il doit en rendre au Secrétaire d'État ayant le département de la guerre.

CCXVI.

C C X V I.

SA MAJESTÉ ne voulant pas que l'ancienneté prévale jamais pour l'avancement des Élèves du Corps royal, Elle décidera sur le rapport qui lui en sera fait d'après les examens, de ceux d'entr'eux qui devront être choisis pour remplir le nombre des Sous - lieutenans qui pourront manquer annuellement dans les anciennes Écoles; & ce seront toûjours les Élèves que les examens indiqueront comme les plus appliqués & les plus capables, qui auront la préférence.

C C X V I I.

LES sujets admis à l'École des Élèves du Corps royal, devant être déjà instruits de l'Arithmétique démontrée & des élémens de Géométrie, conformément à l'article premier de l'ordonnance du 8 avril 1756, Sa Majesté ordonne que les Élèves ne pourront dorénavant, sous quelque prétexte & par quelques raisons que ce puisse être, rester & être entretenus à l'École, comme tels, au delà de trois ans, ce temps paroissant suffisant pour achever les instructions de quelqu'Élève du Corps royal que ce puisse être, perfectionner leurs études & les mettre en état de jouir des graces & des récompenses dûes à l'application & à la réussite dans les Sciences, ainsi qu'aux talens qu'on exige d'eux pour entrer dans le Corps royal.

C C X V I I I.

SA MAJESTÉ continuera à faire fournir à ladite École les livres, instrumens & autres choses nécessaires à l'instruction des Élèves, que l'on conservera avec soin; il en sera dressé tous les ans un inventaire exact, certifié par le Commandant en troisième de ladite École, visé par le Commandant en chef & vérifié par le Commissaire des guerres & du Corps royal; & tous les trois mois il sera fourni un état de remise & de consommation desdits instrumens & effets, & tous les ans un état de dépense faite à leur occasion, lequel sera revêtu des mêmes formalités.

C C X I X.

IL sera choisi par le Commandant de l'École, deux

Élèves sages, de bonne conduite & de bon exemple, pour faire les fonctions d'Officiers-majors pour le détail de la discipline & de la police de la compagnie desdits Élèves; ils porteront les ordres des Commandans, ils les feront exécuter & leur rendront compte de ce qu'ils auront fait & des choses dont ils auront été chargés pour le service de ladite compagnie.

C C X X

LES Officiers du Corps royal de l'Artillerie étant exposés dans tous les temps, à éprouver la confiance de Sa Majesté, dans des choses très-essentielles à son service, doivent être remplacés par des sujets qui puissent toûjours la mériter; en conséquence, veut Sa Majesté qu'il ne soit admis, pour être aspirans à la suite des anciennes Écoles ou Élèves du Corps royal, que ceux qui seront reconnus d'une extraction noble ou vivant noblement, dont les familles seront sans taches ni reproches, & dignes d'être reçûs dans tous les Corps de troupes à son service.

C C X X I.

L'INTENTION de Sa Majesté est que lorsque l'on présentera des sujets pour être à la suite des anciennes Écoles ou pour être Élèves dans le Corps royal, il soit envoyé préalablement au Secrétaire d'État ayant le département de la guerre, leur extrait de baptême, joint à un mémoire précis & circonstancié de l'état actuel de leurs père & mère, des charges qu'ils possèdent ou qu'ils ont possédées, s'ils ont servi & dans quel Corps ils ont servi, pour que, sur le rapport qui en sera fait à Sa Majesté, Elle accorde ou refuse aux sujets proposés, l'agrément d'être reçûs aspirans à la suite des anciennes Écoles ou Élèves du Corps royal.

C C X X I I.

SA MAJESTÉ, en procurant aux Élèves du Corps royal toutes les instructions de théorie & de dessein qui conviennent à un Officier de l'Artillerie, veut & entend qu'en même temps la bonne conduite, la sagesse & les bonnes mœurs caractérisent ceux qui composeront l'Ecole desdits

Élèves; & en conséquence, enjoint Sa Majesté au Commandant de ladite École, de tenir la main à ce qu'aucun ne s'écarte jamais de ses devoirs, & que tous les six mois il en soit rendu compte au Secrétaire d'État ayant le département de la guerre.

C C X X I I I.

SA MAJESTÉ prévenue que le jeu est la source la plus ordinaire du dérangement des Officiers, ordonne expressément au Commandant de l'École des Élèves, de veiller avec la plus grande attention à ce que les Élèves attachés à ladite École ne fréquentent aucun jeu public, & de ne point souffrir que parmi eux, dans leurs chambres ou ailleurs, il s'y joue aucuns jeux de dez ou autres jeux de hasard, conformément à toutes les ordonnances, & spécialement à l'article DXCVIII de celle du 25 juin 1750; enjoignant au Commandant de ladite École de punir sévèrement par la prison, pour la première fois, ceux desdits Élèves qui seroient convaincus d'avoir joué auxdits jeux de hasard; & au cas de récidive, Elle lui ordonne expressément d'en rendre compte au Secrétaire d'État ayant le département de la guerre, qui les fera rayer du tableau : Défendant Sa Majesté d'avoir aucun égard aux dettes que lesdits Élèves pourroient avoir contractées à raison du jeu, & annullant dès-à-présent & pour toûjours les billets qu'ils pourroient faire pour cette cause.

C C X X I V.

L'INTENTION de Sa Majesté est que le Commandant en troisième de l'École soit chargé, sous l'autorité du Commandant en chef, du détail des appointemens des Élèves du Corps royal, qu'il en fasse les décomptes chez le Commis du Trésorier général attaché à la place où est établie ladite École, & qu'il en signe les quittances en parchemin, visées par le Commandant en chef de ladite École pour l'acquit du comptable : Son intention est aussi que lesdits appointemens soient appliqués par préférence à leur nourriture & à leurs befoins les plus urgens.

C C X X V.

D ÉFEND Sa Majefté à tous Marchands ou habitans de la ville où eft établie ladite École, de faire aucun crédit auxdits Élèves, & de leur rien fournir fans une permiffion par écrit du Commandant de ladite École, à peine d'être privés de leurs payemens & d'une plus grande punition en cas de récidive.

C C X X V I.

RIEN n'étant fi effentiel à un Officier que d'avoir des mœurs & une conduite régulière, Sa Majefté ordonne au Commandant de l'École des Élèves, d'avoir la plus grande attention à ce que lefdits Élèves qui leur font fubordonnés fe conduifent en toutes occafions avec fageffe & décence ; lui enjoignant de punir très-féverement ceux qui pourroient caufer quelque fcandale, & l'autorifant à fixer auxdits Élèves une heure pour leur retraite dans leurs quartiers & à les punir en cas de contravention ; au cas de récidive, il en informera le Secrétaire d'État ayant le département de la guerre qui les fera rayer du tableau ; le Commandant de ladite Ecole tiendra la main à ce que tout ce qui eft prefcrit par la préfente ordonnance foit exécuté par les Élèves avec la plus grande exactitude.

C C X X V I I.

L'INTENTION de Sa Majefté eft que ce qui eft prefcrit par la préfente ordonnance ait lieu dans toutes les parties, à commencer du premier du mois de Janvier prochain ; dérogeant à toutes les ordonnances précédemment rendues en tout ce qui fe trouvera contraire à la préfente : Mandant Sa Majefté à Monf. le Duc de Penthièvre, de tenir la main à fon exécution en ce qui le concerne.

MANDE & ordonne Sa Majefté aux Officiers généraux ayant commandement fur fes troupes, aux Gouverneurs

Gouverneurs & ſes Lieutenans généraux en ſes provinces,
aux Gouverneurs & Commandans de ſes villes & places,
aux Inſpecteurs généraux du Corps royal de l'Artillerie,
aux Intendans dans ſes provinces, ſur ſes frontières &
dans ſes armées, aux Commiſſaires des guerres & du
Corps royal de l'Artillerie, & à tous autres ſes Officiers
qu'il appartiendra, de tenir la main à l'exécution de la
préſente ordonnance. FAIT à Verſailles le vingt - un
décembre mil ſept cent ſoixante - un. *Signé* LOUIS.
Et plus bas, LE DUC DE CHOISEUL.

LE DUC DE PENTHIÉVRE,

*Amiral de France, Gouverneur & Lieutenant
général pour le Roi en ſa province de Bretagne.*

VÛ l'ordonnance du Roi, ci - deſſus & des autres
parts: MANDONS à tous ceux ſur qui notre
pouvoir s'étend, de l'exécuter & faire exécuter ſuivant
ſa forme & teneur. FAIT à Rambouillet le dix - huit
janvier mil ſept cent ſoixante-deux. *Signé* L. J. M.
DE BOURBON. *Et plus bas*, Par Son Alteſſe
Sérénissime. *Signé* DE GRANDBOURG.

www.ingramcontent.com/pod-product-compliance
Ingram Content Group UK Ltd.
Pitfield, Milton Keynes, MK11 3LW, UK
UKHW022112170726
13837UKWH00003B/1171